여자
취업
백서

여자 취업에 필요한 모든 것

여자 취업 백서

· 신길자 지음 ·

지식
공간

여자여, 세상의 편견을 깨고 존재감을 뽐내라!

몇 해 전 일이다. 친분이 있는 한 기업 인사담당자를 만났다. 그는 내게 신규 프로젝트를 제안했다. "죄송해요. 둘째 계획이 있어서 참여가 어려울 것 같아요." 내 말에 그의 표정이 굳어졌다. 당시 나는 두 번의 유산을 겪고 심신이 지쳐 있는 상태였다. 또 다른 아이를 잃고 싶지 않았기에, 휴식을 취하며 건강을 챙기기로 했다. 나는 화제를 바꿀 겸 얼마 전에 만났던 한 여학생의 이야기를 꺼냈다.

"그런데 왜 여자가 취업이 잘 안되는지 모르겠어요. 남자보다 야무지고, 준비도 열심히 하는데 말이죠."

내 말이 끝나자마자 그가 말했다. "한창 일할 때 그만두니까 그렇죠. 선생님처럼요."

그 순간 나는 머리를 망치로 얻어맞은 느낌이었다. 그동안 내가 잊은 것이 하나 있었다. 많은 여자에게 취업노하우를 전하고 있는 나도 기업이 기피하는 '여자'라는 점 말이다.

기업은 직원을 뽑을 때 '이번에는 이런 사람이 들어왔으면 좋겠다.' 하며 대략적인 그림을 그린다. 그 안에는 공공연하게 성별이 포함된다. 그런데 서비스직을 제외한 대부분의 직무에서 여자를 선호하는 경우는 많지 않다. 여자는 '언제든 떠날 사람'이란 이미지가 강하기 때문이다.

당신이 여자라면, 그리고 취업을 희망한다면 남자보다 몇 배 더 노력해야 한다. 도서관에서 역량을 키우는 것은 기본이요, 현장을 발로 뛰며 체력을 키우고 조직도 배워야 한다. 이러한 상황이 억울할 수도 있겠다. 하지만 노여워 말라. 노력하면 노력할수록 빛나는 것은 바로 당신 아니겠는가. 꿈꿔보라. '여성채용할당제' 없이도 기업이 여자를 선호하는 그날을 말이다.

오늘도 가시 돋친 편견 속을 걸어가며 그 편견을 하나씩 지우고 있는 수많은 여자와

일하는 여자의 유능함을 세상에 널리 뽐내줄 당신에게 이 책을 바치고 싶다.

2013년 8월
취업컨설턴트 & 네이버 블로그 〈언니의 취업 가게〉 운영자
신길자

목차

2장 디테일에서 승리하라
: 자기소개서에서 면접까지

③장 마이너스를 관리하라

1장

전지현처럼
배두나처럼

남이 터뜨려주면 프라이감이 되지만
나 스스로 터뜨리면 병아리가 되지
– 유안진, 계란을 생각하며 –

왜 여자에게만
이런 질문을 던질까?

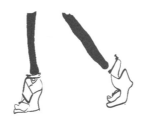

여러 차례 면접을 본 여자는 알 것이다. 여자에게만 던지는 질문이 있다는 사실을 말이다. 기업은 왜 여자에게만 이런 질문을 던질까? 기업이 여자에게 갖는 몇 가지 선입견과 현실적인 제약이 있기 때문이다. 쉽게 말해, 선배 직장 여성들이 만들어놓은 이미지 때문이다. 그게 당신에게도 똑같이 되풀이될까 걱정하는 것이고, 그래서 그런 여성을 사전에 차단하려고 만든 장치가 이런 질문들이다.

이런 질문은 주로 최종 면접에 가야 받게 된다. 마지막으로 거르는 과정에서 어떤 여성을 기피하는지 비로소 드러난다. 크게 보면 조직 단합을 해치는 사람과 오래 다니지 않을 것 같은 사람, 두 가지 유형이다. 기업은 이들 유형을 가려내기 위해 다음과 같은 질문을 던진다.

● Question ❶ "여잔데 남자들 사이에서 일 잘할 수 있겠나?"

아직 회사는 남자가 다수다. 많은 인원을 뽑는 제조업은 보통 남녀 성비가 8:2다. 이런 상황에서 면접관은 당신이 남자 많은 직장에 잘 적응할 수 있을지 걱정스럽다. 이 질문에 단순히 '잘할 수 있다'고 말해서는 그들의 걱정을 잠재울 수 없다.

⋯▸ 이럴 때는, 남자들과 팀 프로젝트를 진행하여 성과를 냈거나 남자 많은 회사에서 아르바이트했던 경험처럼 남자들과 조화를 이루며 일했던 경험을 미리 정리해 두었다가 적절한 때에 답변해야 한다.

"자작 자동차 동아리에서 유일한 여성 멤버로 정밀 작업을 도맡아 했습니다. 섬세한 면을 살려 제 몫을 해냈더니 팀원들과 잘 어울릴 수 있었습니다. 입사 후에도 남자 직원들과 협업해서 팀 성과를 내겠습니다."

● Question ❷ "회식문화에 대해 어떻게 생각하나?"

기업의 조직 문화는 여전히 남성 위주다. 군대 문화나 술자리를 통한 네트워킹 등이 대표적 예다. 여자는 이런 문화가 낯설다보니 기업 문화에 잘 녹아들지 못하는 게 사실이다. 기업은 남자에게 적대적인 유형보다는 그들과 조화롭게 어울리며 팀워크를 이룰 여자 지원자를 선호한다. '군가산점 제도'처럼 민감한 질문을 하는 이유도 마찬가지.

⋯▶ 이런 질문을 던지는 이유는, 여러분이 얼마나 논리적으로 생각하는지, 시사이슈에 얼마나 관심이 많은지 점검하기 위해서가 아니라 남자에 대한 배려나 이해를 알고자 하는 이유가 더 크다. 따라서 이럴 때는 '조화로운 성향'이라는 인상을 주는 게 포인트다.

"회식이야말로 직원들의 단합을 도모할 수 있는 자리라고 생각합니다. 면접관님, 회식 때마다 느끼한 스파게티 드시느라 힘드셨죠? 저는 소주와 삼겹살을 가장 좋아합니다. 회식 자리에서 면접관님께 직장생활에 필요한 조언을 꼭 듣고 싶습니다."

● Question ❸ "이 직업의 단점을 무엇이라고 생각하나?"

"이런 일인 줄 몰랐어요." 조기 퇴사하는 여자들은 하나같이 이렇게 말한다. 해당 직업의 장점만 보고 환상에 빠진 채 지원했기 때문이다. 도서관에서 공부만 한 지원자를 기피하는 이유도 이와 같다.

⋯▶ 기업은 당신이 현장 경험을 통해 해당 직업의 장점은 물론 단점까지 조목조목 알

고 입사하기를 바란다. 이때는 단점에 대해서 언급하되 장점의 매력이 더 크다는 점을 어필하면 좋다.

"3개월 동안 인턴을 하면서 이 직업을 체험했습니다. 그때 느낀 단점은 무엇이었지만, 어떠어떠한 장점이 더 크기에 단점이 직장생활에 걸림돌이 될 거라고 생각하지 않습니다."

● Question ❹ "체력관리는 어떻게 하고 있나? 힘든 일을 해본 경험은?"

직장 여성이 자주 하는 푸념 중 하나가 "힘들어요"다. 나 역시 회사 생활을 하거나 상담을 하면서 많이 들었던 말이다. 어떤 이는 수천 개의 기업 리스트를 입력하고 우편물을 제작하는 일이 너무 힘들었다고 토로하고, 어떤 이는 하루 수십 차례 계단을 오가며 아르바이트한 일을 인생에서 가장 힘든 일로 꼽기도 했다. 하지만 기업은 이 정도로 "힘들다"는 말을 내뱉는 직원을 바라지 않는다. 조금만 힘들어도 불평불만을 할 게 뻔하기 때문이다. 그래서 던지는 질문이다.

⋯⋯ 기업은 당신이 온실 속 화초인지, 헝그리 정신으로 무장한 잡초인지 알고 싶다. 체력과 끈기를 보여줄 수 있는 경험을 통해 당신의 매력을 어필하라.

"1년 전부터 일주일에 3번씩 수영을 하고 꾸준히 등산을 하고 있습니다. 그런데 이런 운동보다 체력관리에 더 도움이 되는 것은 현장에서 발로 뛰며 일하는 것이라고 생각합니다. 실제로 도서관에서 공부만 할 때는 감기를 달고 살았는데 추운 겨울, 마트에서 주차관리 아르바이트를 할 때는 감기에 걸리지 않았습니다. 카트 모는 것도 자신 있습니다. 몸을 많이 쓰는 일도 맡겨만 주십시오."

● Question ❺ "남자친구와의 약속과 상사의 업무지시가 겹친다면?"

직장인이라면 모두 알 것이다. 마치 머피의 법칙처럼 선약이 있을 때도 회사 일은 뻥뻥 터진다는 것을. 이럴 때 무엇을 선택하는지를 보고 회사는 애사심과 충성심의 정도를 가늠한다. 면접관은 당신이 조직을 위해 희생할 사람인지, 아닌지가 궁금하다. '지방이나 해외 발령을 낸다면' 등의 질문을 던지는 것도 같은 맥락이다.

⋯▸ "업무시간이 얼마나 걸릴지에 따라 다르게 대처하겠습니다. 2~3시간 만에 끝날 일이라면 근처 서점에서 책을 읽으며 기다려달라고 양해를 구하겠습니다. 만약 새벽 늦도록 이어질 업무라면 주말이나 휴일에 다시 약속을 잡겠습니다. 남자친구는 제가 사회생활 하는 것을 응원하기 때문에 충분히 이해해줄 것입니다."

● Question ❻ "리더를 맡아 팀을 이끌어본 경험이 있나?"

여자는 남자보다 수동적일 때가 많다. 이는 설문조사에도 그대로 드러난다.

"여자라서, 남자라서 좋았던 경험은 무엇입니까?"

– 사람인, 20~30대 직장인 988명 설문조사

직장인 여성 : '배려를 많이 해줄 때', '회식 때 끝까지 안 남아도 될 때', '힘든 일을 안 시킬 때' 등

직장인 남성 : '술 담배 등으로 쉽게 친해질 때', '할 수 있는 업무가 더 많을 때' 등

⋯➡ 기업은 당신이 보다 적극적으로 일하고 자신의 목소리를 내는 여자이기를 바란다. 과거의 경험에서 스토리를 찾아라. 주도적인 태도로 업무 성과를 낸 경험 말이다.

"언제 리더를 맡아 팀 프로젝트를 진행한 경험이 있습니다. 이때 어떤 일이 생겼고, 이를 해결하기 위해 저는 어떤 노력을 했습니다. 이 경험을 통해 팀이 성과를 내기 위해서는 팀원 개개인의 적극성과 희생이 무엇보다 중요하다는 것을 깨달았습니다."

● Question ❼ "결혼 계획은? 결혼 후 직장생활은 어떻게 할 것인가?"

기업은 여자 지원자의 결혼계획에 민감하다. 결혼과 임신, 출산, 육아 등이 직장생활에 미치는 영향이 크기 때문이다. 결혼, 육아로 인해 퇴사하게 되면 회사는 손실을 떠안아야 한다. 기껏 힘들게 뽑아서 투자를 해놓았는데, 성과가 날 때쯤 퇴사하니 회사 입장에서는 투자비

용을 날리는 셈이다. 기업은 당신이 조기퇴사 할까 걱정스럽다.

⋯▸ 취업을 준비하기 전 결혼 후 직장과 가정생활을 어떻게 조화롭게 이뤄나갈지 진지
하게 고민해 두는 게 현명하다. 그리고 이런 질문을 받으면 단순히 결혼계획만을
말하기보다는 강한 직업의식과 커리어 관리에 대한 의지를 덧붙여라.

"결혼은 3~5년 후에 계획하고 있습니다. 저희 부모님께서도 제가 전문가로 성장하는 데
많은 도움을 주겠다고 약속하셨습니다. 출산을 하게 되면 부모님께서 저희 집 근처로 이
사를 오셔서 육아를 도와주실 예정입니다. 하지만 지금 저에게 결혼보다 더 중요한 것은
실력을 쌓아서 조직에서 인정받는 것입니다. 한 분야에서 능력을 발휘하려면 1만 시간이
필요하다고 알고 있습니다. A회사에서 1만 시간 이상 업무에 주력함으로써 B분야 전문가
로 자리매김하겠습니다."

● **Question ❽ "이 일은 여자에게 안 어울리는데⋯⋯ 힘들 텐데⋯⋯"**

남성 이미지가 강한 산업이나 직무에 지원할 경우 이 질문을 받을
확률이 높다. 어렵게 뽑은 여직원이 업무 특성에 동화되지 못해 퇴사
한 경우가 많기 때문이다.

⋯▸ 이럴수록 여성으로서 무엇을 더 잘할 수 있는지 고민해보고 강한 입사의지를 전달
하라. 기업도 여성의 유연함과 꼼꼼한 장점을 필요로 하고 있다.

"○○는 그동안 남성인력들이 훌륭하게 수행해온 분야이지만 단지 여성이기 때문에 곤란하다는 생각은 해보지 않았습니다. ○○는 거친 현장에서 업무가 이루어지긴 하지만, 그 현장을 움직이는 것은 정교한 정보시스템과 원단위의 원가절감을 위한 개선입니다. 저는 A회사에서 인턴을 할 때 팀장님으로부터 치밀하고 정확한 업무 처리를 인정받았습니다. 이런 역량을 발휘해 업무 성과를 내겠습니다. 또한 ○○는 모든 해답이 현장이 있으니 현장 속으로 들어가는 것을 겁내지 않겠습니다. 현장 동료들과 스스럼없이 어울릴 수 있는 친화력과 소소한 것도 놓치지 않는 치밀함을 발휘하겠습니다. 면접관님, 지켜봐 주십시오! 1년 후 면접관님께서 '신입사원 하나는 잘 뽑았군.' 하시며 흐뭇해하실 수 있도록 노력하겠습니다."

최종 면접에서 이런 질문을 받는다면

: 여자 선배 직장인들의 답변 :

Q1. 커피 심부름을 시키면 어떻게 하겠는가?

① "물론 부서의 막내로서 커피 심부름은 할 수 있습니다. 하지만 제 거래처 담당 직원이 방문하거나 제가 급한 일을 처리해야 할 때는 다른 사람이 그 일을 해 주기를 바랍니다. 회의실에 커피포트를 비치해 원하는 사람이 가져다 마시는 것도 한 방법이라고 생각합니다."

② "또 하나의 일이라고 생각하고 열심히 하겠습니다. 저는 차와 금융상품은 한 가지 공통점이 있다고 생각합니다. 고객마다 취향을 고려해 커피, 유자차, 한 방차 따로 드리듯 금융상품도 고객마다 상담이 달라져야 할 것입니다. 커피 심 부름뿐 아니라 금융상품도 열심히 판매하겠습니다."

③ 커피 심부름은 막내인 제가 하는 것이 당연합니다. 신입사원이 처음부터 뭔가 큰일을 하기는 어려울 것입니다. 먼저 사소한 일부터 소홀히 하지 않는 자세를 배우겠습니다. AS기사가 왔을 때 어깨너머로 프린터 고치는 법도 배워두겠습 니다. 툭 하면 고장 나는 프린터나 복사기 수리도 제게 맡겨주십시오."

⋯▸ ①은 포스코 이유경 제강원료구매그룹 리더의 일화를, ②는 한화투자증권 마 스터 PB 윤향미 부장의 사례를, ③은 서혜란 HSBC 전무의 사례를 가공해서 만든 답변이다. 생각을 바꾸면 이처럼 멋진 답을 할 수 있다.

면접 때 '커피 심부름'과 연관된 질문이 나오면 표정관리를 하지 못한 채 불쾌해하는 여자 지원자가 많다. 하지만 면접 질문은 모두 테스트일 뿐! 쿨~ 하게 반응하자. 생각을 활짝 열고, 그 위에 열정을 올려놓아라. 융통성과 입사 의지, 두 마리를 다 잡을 수 있다.

Q2. 힘든 일이 많을 텐데······.

"입사하면 힘든 일이 많아 눈물 흘릴 일도 있을 텐데 괜찮겠나?"
모토로라에서 산업디자이너로 근무하고 있는 노미지 씨는 면접 때 이 질문을 받았다. 그녀는 잠시도 주춤거리지 않고 이렇게 말했다.
"눈물이 나면 닦으면 됩니다. 열심히 하겠습니다!"
그녀의 현명한 답변에 그 자리에 있던 면접관들 모두 환하게 웃었다.

{ 면접관 이야기 }

한번은 면접 도중에 뽑고 싶은 여자 지원자가 있어서 입사한 뒤 만나게 될 생산 현장 상황에 대해 미리 이야기해주고 "여자로서 힘들 수도 있을 텐데 어떻게 대응하겠느냐"라는 질문을 집중적으로 했다. 타 면접관도 뽑을 의도가 있어서인지 질문이 잠시 집중되었다. 그런데 기대와 달리 그녀가 눈물을 글썽이는 것을 보고 모두들 크게 실망했다.

또 다른 여자 지원자의 이야기다. 그녀는 타 지원자들보다 서류상으로는 특별히 뛰어난 것은 없었지만 면접질문과 답변을 통해 성실하고 당당한 모습을 보여주었다. 무엇을 맡겨도 헤쳐 나갈 수 있다는 태도가 마음에 들었다. 그녀는 현재 생산기술자로서 남자보다 업무를 더 잘 수행하고 있다.

* 출처 : 현대자동차 채용 홈페이지 〈면접관 이야기〉 코너 중에서

전지현처럼
배두나처럼

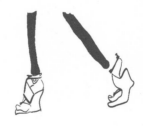

　전지현과 배두나는 기업이 원하는 여자 지원자의 모습을 닮았다. 결혼 후에도 프로답게 일하는 점(전지현), 글로벌 무대에서도 자신의 역량을 발휘하는 점(배두나) 등이 그렇다. 둘은 말도 참 매력 있게 한다. 그녀들과 인터뷰를 한 기자들은 하나 같이 '볼매(볼수록 매력 있다)'라고 입을 모은다. 당신이 전지현과 배두나의 매력을 벤치마킹한다면 기업의 마음을 사로잡는 것은 시간문제다.

'미친 존재감', 전지현

●

전지현, 요즘 그녀의 재발견이 화제다. 영화 〈도둑들〉에서는 입만 떼면 욕부터 꺼내는 줄타기 전문도둑 예니콜을 선보였고 영화 〈베를린〉에서는 억척스러우면서도 강인한 유부녀 련정희 역을 펼쳤다. 영화 〈엽기적인 그녀〉 이후 이렇다 할 흥행작이 없었던 그녀는 연이은 영화 흥행으로 제2의 전성기를 누리고 있다.

전지현은 1인 기획사를 차린 이후부터 프로다운 본성을 드러내기 시작했다. 그녀는 더 이상 기획사 관계자들을 거치지 않고 자신이 직접 원하는 제작진과 시나리오를 찾아 나섰다. 그렇게 해서 출연하게 된 작품이 〈도둑들〉과 〈베를린〉이었다. 전지현이 더욱 놀랍게 보였던 것은 촬영을 위해 신혼여행을 미루었다는 점이다. 그녀는 신혼여행도 반납하고 한 달 이상 해외에 머물며 영화 〈베를린〉을 촬영했다. 허니문의 달콤한 시간을 잠시 미루어두고 영화에 올인했던 전지현, 과연 어떤 마음가짐이었을까?

● **전지현의 생각 엿보기**

* 아래 질문과 답변은 각종 일간지와 월간지 인터뷰에서 발췌했습니다.

Q. 가녀린 몸으로 어떻게 와이어 액션을 무리 없이 해냈나?

A. 나는 절대 가녀린 여자가 아니다. 여기 근육 좀 보라. 함께 출연

했던 하정우 씨가 '삼두 근육이 잡히더라'고 말할 정도로 튼튼하다.

···› 기업은 가녀린 여자가 거친 일을 잘할까 걱정한다. 이때 전지현처럼 씩씩하게 말한다면 면접관의 불안감을 덜 수 있다.

Q. 평소 건강을 어떻게 챙기나?

A. 매일 빠짐없이 운동한다. 아침에 짧으면 짧게 길면 길게 땀을 내려고 노력하는 편이다. 힘들수록 더 운동을 하고 몸을 움직여야 된다고 생각한다. 자기 얼굴에 관심 있는 사람이 점점 예뻐지듯 몸도 관심을 가져야 건강하고 예뻐진다.

···› 많은 여자들이 '몸'보다는 '머리'를 쓰는 것을 좋아한다. 그런데 기업은 현장형 인재를 선호하지 않는가? 힘들수록 몸을 더 움직여야 한다는 전지현의 메시지는 기업이 선호하는 표현 중 하나다.

Q. 〈베를린〉 작업할 때 누가 제일 사투리 연기를 힘들어하던가?

A. 하정우 씨는 〈황해〉에서도 북한말을 했었고, 류승범 씨는 워낙 현장에서 자유롭게 연기를 해내시는 분이기 때문에 나만 잘해내면 된다고 생각했었다.

···▶ 이런 질문을 받으면 대부분 누구라고 콕 집어 말하기 마련이다. 하지만 전지현은 타당한 근거를 대며 동료를 치켜세우고 자신을 낮춘다. 기업이 원하는 협업 마인드와 겸손한 자세를 보여준다. 기업은 여자가 남자보다 팀워크가 부족하다고 지적한다. 이럴 때 전지현처럼 자신을 낮추고 타인을 높인다면 좋은 이미지를 얻을 수 있다.

Q. 촬영하면서 가장 힘들었던 씬은 무엇이었나?

A. 육체적으로는 영화 후반부 풀밭씬이 어려웠다. 한국에서 세트를 만들어서 촬영했는데 정말 폭염이 심했던 여름이었다. 하정우 씨가 나를 업은 채로 움직였는데, 그가 "땀 터졌다."고 말할 정도였다. (웃음) 감정적으로는 '표종성'과 집에서 일어나는 일들이 힘들었다. 너무나도 아픈 과거를 가지고 있는데 아무렇지도 않게 하는 이야기들이 '련정희'를 슬프게 만들겠다고 생각해서 더 그랬던 것 같다.

···▶ 보통 힘든 점을 물을 때 구구절절 말하는 경우가 있는데 사실 듣는 사람은 같은 상황에 놓여 있지 않기 때문에 감정이입이 어렵다. 여자는 남자에 비해 감정적인 묘사가 더 강한 편이라 이성적인 면접관 입장에서 불편함을 느낄 때가 많다. 전지현은 힘든 것을 물어볼 때도 웃음 포인트를 두며 분위기를 전환시키는 재주를 갖고 있다. 힘든 상황을 육체적인 것과 감정적인 부분으로 나눠서 말한 접근도 좋다.

Q. 〈베를린〉에서 출연 분량이 많지 않은데, 영화를 선택한 계기가 있다면?

A. 기본적으로 감독님과 영화에 대한 믿음이 커서 고민하지 않고 결정했다. 작품을 하면서 그 믿음은 더 커졌다. 영화의 흥행을 떠나서 내가 색다른 모습으로 대중에게 다가갈 수 있게 만들어주신 것에 대해 다시 한 번 감사드린다.

⋯▸ 전지현이 작품을 고를 때 출연 분량 같은 개인적 욕심보다 큰 그림을 볼 줄 안다는 것을 느낄 수 있는 답변이다. 기업도 마찬가지다. 외형적인 요소(급여, 복리후생, 안정성 등)보다 그 회사에서 일하고자 하는 욕구가 큰 지원자를 선호하게 마련이다.

Q. 신혼 때 촬영에 바빠서 힘들진 않았나? 해외 로케이션도 있었는데…….

A. 해외 촬영을 간 것은 미리 양해를 구했기 때문에 괜찮았다. 내가 아무리 바빠도 남편은 다 이해를 해준다. 이해를 안 해 주면 또 어떻게 할 건가. (웃음) 남편뿐 아니라 시댁 식구들, 우리 가족은 각자 직업과 역할을 존중해준다. 그런 부분이 내 연기활동에 좋은 영향을 준다.

⋯▸ 결혼을 앞두고 있거나 결혼한 여자들에게 갖는 선입견 중 하나는 결혼생활이 일

에 장애를 줄 것'이라는 부분이다. 이 때문에 기업은 가족이 지원자의 일을 응원하고 지지하는지 매우 궁금하다. 전지현은 바로 이런 걱정을 단숨에 날려 버렸다.

Q. 결혼하면서 바뀐 게 있나.

A. 결혼을 했다고 해서 달라진 것은 없다. 연기는 연기고, 결혼은 결혼이다. 굳이 달라진 게 있다면 좀 더 여유로워졌다는 점이다. 결혼을 통해 한 단계 올라선 기분이 든다. 일에 대한 집중도가 높아졌고, 다양한 역할을 하는 데 자신감이 생겼다.

┅➤ 기업이 여자 지원자에게 가장 걱정하는 부분이 바로 이 대목이다. 일 잘하던 여자가 결혼 후 달라질까 봐서다. 전지현처럼 당찬 모습으로 말하자. 결혼이 당신의 일에 걸림돌이 아니라 시너지가 된다는 점을 말이다.

Q. 앞으로 어떤 역할을 맡아 보고 싶나?

A. 〈캐치 미 이프 유 캔(Catch Me, If You Can)〉 같은 드라마와 캐릭터가 강한 작품을 찍고 싶다. 여자 캐릭터로는 그런 역할이 잘 없지 않은가. 계속 새로운 모습을 보여드리고 싶다.

┅➤ 기업은 여자 지원자가 전형적인 여자상에 갇혀 있는 것을 원하지 않는다. 남자들의 영역에도 자유롭게 넘나들 수 있는 '깨어 있는 여자'를 원한다. 단순히 '새로운

모습'이 아니라 구체적인 작품명을 밝히면서 고민의 흔적을 보여준 것도 벤치마
킹할 부분이다.

Q. 데뷔하자마자 톱스타였다. 신비주의에 갇힌 스타의 삶을 계속
살았는데, 아쉬운 점은 없나?

A. 놓친 것을 아쉽다고 생각해본 적은 없다. 남들이 누리는 것 내가
다 누린다고 해서 과연 즐겁겠느냐. 배우 생활하면서 행복을 찾는 방
법을 알고 있다. 연기가 좋다. 처음에는 익숙하지 않았지만 그렇게 맞
춰 살다보니 그것이 내가 됐다. 앞으로도 배우를 계속할 것이다.

⋯▸ 이렇게 당차게 자신의 직업관을 밝히는 그녀를 어찌 사랑하지 않을 수 있을까. 관
객들은 일상의 전지현보다 '배우 전지현'을 원한다. 기업도 마찬가지다. 기업은 당
신이 '여자 ○○○'가 아니라 '직장인 ○○○'이길 바란다. 일을 하지 않아서 생기는
아쉬움보다 일을 함으로써 생기는 자부심을 강조하라.

개성지수 100% 배두나
●

닮은꼴 신인배우들이 판을 치는 연예계에서 배두나는 그 존재만으
로도 돋보이는 배우다. 98년 의류 브랜드 모델로 데뷔한 이후 드라마

와 영화를 넘나들며 연기 내공을 쌓았다. 데뷔 15년 차, 지칠 법도 한데 여전히 생동감이 넘친다. 그런 그녀가 국내뿐 아니라 월드스타로 떠올랐다. 영화 〈공기인형〉에 출연, 외국 배우로는 처음으로 일본 아카데미 여우주연상을 받았고, 〈클라우드 아틀라스〉에서는 톰 행크스, 휴 그랜트, 할리 베리 등 할리우드 대스타들과 어깨를 나란히 했다. 앤디 워쇼스키 감독은 "배두나는 마치 다른 별에서 온 것 같았다. 입이 떡 벌어질 정도로 연기력에 감탄했다."고 극찬했다. 톰 티크베어 감독도 "신기하게도 영화를 보고 나면 배두나만 기억나게 하는 마술 같은 힘이 있다."고 칭찬했다.

박찬욱, 봉준호를 거쳐 야마시타 노부히로, 고레에다 히로카즈, 톰 티크베어, 워쇼스키 남매까지 배두나가 함께한 감독들이다. 수많은 천재 감독들과 작품을 했지만 그녀 자신은 들뜨거나 호들갑스럽지 않다. '할리우드 스타'라는 달콤한 칭찬도 신경 쓰지 않는다. 자신의 역할에 충실했을 뿐이라며 겸손해한다. 이런 진중함에 영화 관계자들은 칭찬을 아끼지 않는다.

"영화 한편 찍었다고 할리우드에서 인지도가 높아질 거라는 기대 같은 건 안 해요. 저에게는 작품과 캐릭터가 중요할 뿐이지 어느 국가에서 찍었느냐는 신경 쓰지 않아요. 할리우드 쪽에서 제의는 오죠. 그러나 지금은 한국 영화를 하고 싶어요. 내가 가장 잘할 수 있는 언어로 연기하고 싶은 게 현재 마음이에요."

많은 배우들이 염원하는 '할리우드 진출'을 해냈으면서도 할리우드가 주는 화려함보다는 작품과 캐릭터를 중요하게 생각하는 천생 배우다. 모험을 두려워하지 않고 매번 새로운 시도와 변화로 자기계발을 멈추지 않는 배두나. 시끄러운 연예계에서 말보다는 행동으로 보여주는 배두나의 모습이 빛나고 있다.

● 배두나의 생각 엿보기

* 아래 질문과 답변은 각종 일간지와 월간지 인터뷰에서 발췌했습니다.

Q. 〈클라우드 아틀라스〉 오디션 합격 비결을 무엇이라고 생각하나?

A. 노메이크업으로 도전했다. 원래 연기할 때 민낯이어야 더 진심이 잘 전해진다고 생각했기 때문이다. 나는 연기를 할 때 마음을 중시하는 편이다. 기술적인 연기는 떨어진다. 내가 손미를 마음에 채워놓고 연기를 한다면 어떤 표현을 자제하게 될 것이고 내 마음이 온 몸으로 삐져나와서 표현해야 할 때 메이크업을 하고 있다면 한 겹을 덥고 있을 거라는 생각을 했다. 메이크업이라도 한 꺼풀 벗어야 표현이 제대로 될 거라는 생각이었다. 연기에서는 얼굴이 슬쩍 붉어졌다가 퍼렇게 되는 온도 차이가 중요하다. 사람이 화를 내거나 냉랭해질 때 몸에서 오는 반응이 있잖나. 그렇기에 민낯이 중요하다. 그런 것을 알아봐주는 감독들을 만났다는 게 내게는 행운이다.

···▶ 오디션 영상을 찍을 때 대부분의 여배우들은 예쁘게 보이려고 메이크업에 승부를 건다. 그러나 배두나는 외모가 아니라 진심을 담은 연기력으로 승부를 걸었다. 구직 과정도 마찬가지다. 많은 여자 지원자들이 메이크업과 헤어스타일 등 외모에 관심이 많다. 하지만 기업에서 관심을 두는 것은 당신이 얼마나 열정을 갖고 회사 일을 잘 수행할 수 있느냐다.

Q. 유명 감독 앞에서 오디션을 볼 때 주눅 들지는 않았나?

A. 왜 주눅이 들까? 감독님 앞에서 내 연기를 보여줄 수 있다는 것은 기쁜 일이다. 다른 여배우들과 경합하는 줄 알았는데, 혼자 오디션을 봤다. 감독님이 '빨리 말해 볼래' '슬프게 해봐' '화를 내며 말해 봐' 주문할 때면 '오케이, 아일 트라이' 하며 흥겹게 응답했다. 오디션이 끝난 뒤 감독님이 '빨리 같이 영화 찍고 싶다'고 말했다.

···▶ 당당함이 매력인 그녀. 이런 당당함이 내면에 가득 차 있기 때문에 절로 넘쳐흐르는 것이다. 많은 여자들이 면접 자리에서 주눅 들어 자신의 매력을 보여주지 못할 때가 많다. 배두나의 당당함을 배우자.

Q. 여우주연상과 흥행 중 하나를 고른다면?

A. 여우주연상보다 흥행을 더 원한다. 상을 타면 나만 기쁜데, 흥행하면 전 스태프가 기쁨을 누릴 수 있기 때문이다. 흥행을 중요하게 생

각한다. 흥행이 안 되면 마음이 아프고 쓰리다.

...→ 작품성과 흥행은 배우로서 둘 다 놓치고 싶지 않은 대목이다. 하지만 배두나는 공
　동의 이익, 즉 흥행을 꼽았다. 취업을 희망하는 우리 역시 마찬가지다. 자기계발,
　적성실현 등은 물론이고 기업의 이익과 사회기여를 고민해보라.

　Q. 계속해서 다양한 도전을 해왔는데, 부담스럽지는 않나?

　A. 도전하지 않고 살기엔 인생이 너무 짧다. 왜 두려워하나? 도전
할 수 있음에 감사해야 한다. 나는 기회가 오면 두렵기보다 설레고 흥
분된다. 영화를 하면서 항상 뭘 배웠다. (웃음) 배구(굳세어라 금순아),
수화(복수는 나의 것), 양궁(괴물), 탁구(코리아), 영어와 스페인어(클라
우드 아틀라스)…… 이제 배우면서 하는 데 단련이 됐다. 해낼 수 있을
까 하는 일을 성취했을 때 희열이 크다.

...→ 여자는 남자보다 안정지향적인 성향이 더욱 강하다는 선입견이 있다. 이때 배두나
　처럼 도전을 외친다면 면접관의 마음을 여는 데 도움이 될 것이다.

　Q. 영어연기가 부담스럽지는 않았나?

　A. 물론 부담이 컸다. 언어가 약해 영어대사를 잘 소화할 수 있을까
수차례 고민했다. 영어를 못 알아들어서 어리바리하기도 했지만 창피

하진 않았다. 영어를 남들보다 못해도 죽어라 연습하면 할 수 있다는 생각이 있었다. 촬영 중에도 의기소침하기보다는 오히려 당당함을 유지했다. 거기엔 내가 손미 역할을 잘해낼 자신이 있어서였던 것 같다.

⋯⋅▸ 글로벌 시대에 영어는 중요하다. 하지만 영어는 그 자체로 목표가 아니라 다른 것을 얻기 위한 도구이다. 배두나에게 영어는 연기를 위한 도구였다. 영어에 대한 부담보다 연기에 대한 부담이 더 큰 것은 그녀가 연기를 중요하게 생각했기 때문이다. 취업도 마찬가지다. 영어를 잘하거나 못하는 것보다 더 중요한 것은 당신이 '그 일'을 잘할 수 있을 것인가 하는 점이다.

Q. 언어, 문화 차이 등 여러 모로 고생이 심했을 텐데⋯⋯.
A. 영화 촬영 이후 지인들이 걱정을 많이 해 주더라. '괜찮았냐', '외롭진 않았느냐'는 말들이 이어졌다. 나는 오히려 그들을 다독였다. '좋은 영화 찍으면서 영어까지 배웠는데 고생이라고 하면 안 된다'고 말했다. 고생이라는 느낌보다는 좋고 행복하단 느낌이 더 크다.

⋯⋅▸ 이렇게 긍정적인 그녀를 누가 좋아하지 않을 수 있을까. 면접관이 위와 같은 질문을 했을 때 '맞다. 진짜 고생이 심했다'고 응수하는 여자들이 많다. 배두나처럼 의연하게 대응하면 더 좋은 이미지를 줄 수 있다.

Q. 앞으로의 활동 계획은? 해외 활동에 집중할 계획인가?

A. 좋은 작품이 있다면 어디서든 할 수 있다. 나에게 〈클라우드 아틀라스〉는 할리우드에 '간 것'이 아니라 '갔다 온 것'이다. 일본 영화도 '갔다 온 것'이다. 나는 한국배우다. 한국영화에서 편하게 할 때 더 좋은 연기가 나온다. 이 영화가 아주 잘됐다고 해서 앞으로 할리우드에서만 활동한다는 생각은 없다. 나를 제발 보내지 말아 달라. (웃음) 더욱 내면을 꽉꽉 채워서 국내 관객들과 자주 만나고 싶다.

⋯► 많은 연예인들이 해외진출을 염원하고 있다. 하지만 철학이나 개성 없이 '좋아 보이기 때문'에 하는 해외진출은 국내외 팬들 모두에게 외면받는다. 취업도 마찬가지다. 많은 지원자들이 직업을 선택할 때 '글로벌 경험을 쌓을 수 있어서'라는 이유를 선택하곤 한다. 그러나 자신만의 차별화된 이유가 없다면 면접관을 설득하기 어렵다.

Q. 배우로서의 철학이 있다면?

A. 비중이 많다고 뿌듯함이나 우월감을 느끼는 건 배우로서 경계해야 한다고 생각한다. 〈공기인형〉에서 오다기리 조가 두 장면으로도 빛나는 걸 보고 마음을 고쳐먹었다. 나도 그런 배우로 멋지게 살고 싶지, 몇 신 나오느냐에 연연하고 싶지 않다. 〈복수는 나의 것〉의 영미처럼 특이한 역할이 있으면 다시 해보고 싶다.

⋯➤ 겸손한 직업관은 개인의 철학과 가치관까지 빛나게 한다. 면접 때는 직업관과 철학을 갖게 한 구체적인 계기를 덧붙여 말하자.

남자들이 말하는, 같이 일하고 싶은 여자는 누구?

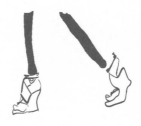

이쯤 되면 대충 기업에서 어떤 여자를 뽑으려고 하는지 감이 올 것 같다. 직장은 여전히 남성 중심으로 움직인다. 면접관이나 인사담당 자도 대개 남자다. 그들이 여성 직장인을 바라보는 시선이 어떤지 알 아두는 것은 매우 중요한 일이다. 다음 내용은 발로 뛰며 하나씩 수집 한 직장 남성의 목소리다. 질문은 '같이 일하고 싶은 여자는?'이었다.

• **꿈이 있는 여자** : 어릴 적 누구나 꿈은 있었다. 하지만 30대를 전후

로 꿈을 당당하게 말할 수 있는 사람은 몇 명이나 될까? 꿈을 갖고 이루기 위해 직장을 다니는 여자들과 일하고 싶다. (조정섭, 29세, 의류회사 근무)

• **애사심이 두터운 여자** : "결혼하고, 아이를 가지면 퇴사하겠지." 남자 상사들이 여직원들을 보는 시선이다. 이런 사례가 많은 것도 사실이다. 전례가 쌓이니 불신이 생기지 않을 수 없다. 취업한 후에는 언제 어느 곳에서나 회사를 사랑하고 일이 즐겁다는 인상을 심어줘야 한다. 사실이 아니어도 말이다. 상사와 회사 입장에서 바라보면, 어차피 몇 년 후에 퇴사할 여자 직원보다 남자 직원에게 고과를 높게 주지 않겠는가. 이를 역이용한다면, 당연히 꼼꼼하고 싹싹한, 남자보다 일에 대한 애착이 더 많은 여자가 성공할 수밖에 없다. (김정훈, 31세, 전자회사 근무)

• **전문성을 가진 여자** : 프로모션 기획 하면 딱 떠오르는 ○○○ 과장처럼 자신만의 전문성을 가진 여자와 일하고 싶다. 상사로부터 무한한 신뢰를 받는 자신만의 분야가 있는 여자 상사나 동료, 멋지지 않은가. (황민호, 33세, 의료기기전문업체 근무)

• **근태관리를 철저히 하는 여자** : 어느 회사든 출근시간은 명시되어

있지만 이 시간은 커트라인이다. 항상 커트라인에 쫓겨 출근하는 여자보다는 미리 출근하여 동료에게 따뜻한 아침인사를 먼저 건네는 여자와 일하고 싶다. (최주현, 32세, 은행 근무)

• **인사 잘하는 여자 :** 매일 아침 말리다만 젖은 머리를 하고 인상 쓴 표정으로 인사하지 말라. 말끔하고 단정하게 차려입고 '좋은 아침입니다'라고 인사를 건넨다면 직장동료로서 충분히 사랑받을 자격이 있다. (양득철, 30세, 건설회사 근무)

• **사소한 일도 함께하는 여자 :** 사무실을 이전할 때나 공항에서 가방 픽업할 때 남자 직원들과 함께 짐 나르고 회식 때 끝까지 자리를 지켜주는 여직원과 일하고 싶다. 남자들도 집에 아이가 있고 일찍 들어가고 싶은 마음은 똑같다. 때로 상사들과 함께하는 회식 자리는 고역이기도 하다. 하지만 여자라는 이유로 핑계 대고 빠지면 밉상이다. 어떤 일이든 함께하고자 한다면 그들만의 끈끈한 우정이 생기고 그런 관계는 가끔 안 되는 일도 되게 하는 힘을 발휘한다. (박민혁, 35세, 유통회사 근무)

• **눈치 빠른 여자 :** 치열한 사회생활에서 열심히 일하는 것만이 능사가 아니다. 직장생활에서 가장 필요한 처세술은 눈치라고 생각한

다. 여자 동료와 차를 타고 외근이나 출장을 나갈 때면 옆 자리에
서 담요까지 덮어 가면서 편하게 자는 경우가 있다. 남자동료가
기사는 아니지 않나. 이런 상황에서 말동무가 되어주는 센스 있
는 여자가 아름답다. (이동호, 33세, 제약회사 근무)

• **꼼꼼하게 일처리 잘하는 여자** : 조직 내에서 성공하기 위해서는 나
혼자의 힘만으로는 어렵다. 내 윗사람이 잘 되어서 위로 올라가
고, 그 윗사람이 나를 끌어줄 수 있도록 상황을 만들어야 한다.
여자는 남자보다 더 꼼꼼하다는 장점이 있다. 작은 부분도 놓치
지 않고 꼼꼼하게 살피는 성향을 업무에 접목시키면 그룹 장들도
신뢰할 것이다. (김정훈, 31세, 전자회사 근무)

• **카멜레온 같은 여자** : 예전에 모셨던 팀장님 같은 분과 일하고 싶
다. 굉장히 여성스러운데 일할 때는 맺고 끊는 게 확실하다. 부하
직원들 의견도 위에 잘 전달해준다. 일할 때는 여전사 같고, 사적
인 자리에서는 누나 같다. 이렇게 카멜레온 같은 모습에 신뢰감
이 생겼고 지금도 존경한다. (신영호, 34세, IT회사 근무)

• **부탁만 하기보다 부탁도 들어주는 여자** : 직장생활을 하다 보면 혼자
할 수 있는 일보다는 함께해야 하는 일들이 더 많다. 부탁하기 전

에 남의 부탁을 들어주는 모습을 볼 때면 무거운 짐도 먼저 들어 주고 싶다. (이정만, 32세, 식품회사 근무)

- **사내 정치를 현명하게 하는 여자** : 누가 자신을 이끌어 줄 수 있는지 정확히 알고, 선후배 관계가 좋은 여자, 이런 여자동료와 같이 일 하고 싶다. (박철민, 36세, 전기회사 근무)

- **센스 있는 여자** : 한번은 짠돌이 남자상사가 회식 자리에서 옆에 앉 은 막내 여직원한테 '담배 한갑 사오라'고 했다. 순간 다들 걱정했 다. 이 상황에서 여직원이 기분 나쁜 내색을 하면 회식 분위기가 가라앉을 게 뻔했기 때문이다. 그런데 여직원은 한 갑이 아니라 두 보루를 사왔다. "건강 살피셔서 조금씩 피우세요."라는 말을 하며 담배를 건네는데 그녀의 센스 있는 모습에 다들 박수를 쳤 다. 다음날 짠돌이 상사는 그 여직원이 좋아하는 커피를 부서 직 원들에게 돌렸다. 2년 만에 처음 있는 일이었다. 지금도 회식 자 리에서는 그날의 에피소드가 자주 입에 오른다. (신영호, 34세, IT 회사 근무)

'뭐 이렇게 바라는 게 많아?' 하고 생각할 필요는 없다. 또한 이걸 다 갖추어야 한다는 말도 아니다. 다만 이 내용은 여러분이 취업 준비를 하기 전에 기업이 혹은 기업 내 남자 직원들이 여자 직원을 바라보는 시선이라는 점만큼은 꼭 알아두었으면 싶어서 소개한 것이다.

다시 한 번 상기한다면 내가 던진 질문은 '함께 일하고 싶은 여자'였다. 남자들에게 이와 같이 질문을 던진 이유는 '함께 일한다'는 전제 아래 생각할 때 개인적인 선호도보다 조직 문화에 적합하다고 생각하는 여성상을 떠올리기 때문이다. 실제로 그들의 입에서 나오는 단어들도 '존경'이나 '인기', '분위기'와 같은 말들이었다. 이들의 언급에서 여자 직장인에게 기대하는 모습을 조금은 읽을 수 있을 것이다.

{ 개인적 차원으로 질문을 바꾸어보면…… }

이번에는 함께 일하는 것을 전제하는 것이 아니라 그냥 서로의 관점을 묻는 것으로 바꾸어보자. 이때 답변은 어떻게 달라질까? 한 건설회사가 사원들을 대상으로 설문조사를 했다. 남자가 생각하는 멋진 여자와 여자가 생각하는 멋진 남자는 어떻게 다를까? 그 결과는 다음과 같다.

여자가 생각하는 멋진 남자

1위 : 맡은 일에 성실하고 열심인 남자

2위 : 무슨 일이든 자신감이 있는 남자

3위 : 한결같은 마음을 가진 남자

남자가 생각하는 멋진 여자

1위 : 자기 일을 진취적으로 해결해 나가는 인생관이 뚜렷한 여자

2위 : 이해심이 많고 부드러운 여자

3위 : 미모가 뛰어난 여자

여자가 생각하는 꼴불견 남자

1위 : 거짓말을 잘 하는 남자

2위 : 주위 시선을 지나치게 의식하는 줏대 없는 남자

3위 : 윗사람에게는 아부하면서 아랫사람은 막 대하는 남자

남자가 생각하는 꼴불견 여자

1위 : 어렵고 힘든 일이 있을 때만 남녀평등을 외치는 여자

2위 : 이기적이며 아무 생각 없이 사는 여자

3위 : 공주병이 심해 내숭으로 똘똘 뭉친 여자

'함께 일하고 싶은 여자'를 물었을 때와 답변이 어떻게 다른지(여자도 마찬가지)
한눈에도 쉽게 확인할 수 있다. 개인적인 선호도를 묻는 질문과 조직 차원에서

바라보는 여성에 대한 기대치는 이처럼 다르다. 당신이 들어가기를 희망하는 직장이라는 공간은 잘 보여야 하는 남자 직장인이 있는 공간이 아니라 조직이라는 곳임을 이해하자.

취업 잘한 그녀들의
3가지 공통점

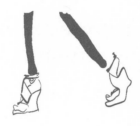

취업난 속에서 합격한 여자의 공통점은 무엇일까? 기업이 탐내는 그녀들의 공통점은 다름 아닌 기업 DNA를 가졌다는 점이다.

지금 기업들은 매 순간을 비상상황으로 인식한다. 생존경쟁에서 탈락한 수많은 기업들을 보면서 갖게 된 생각이다. 오죽하면 삼성전자 이건희 회장은 사상 최대 실적을 내면서도 늘 위기라는 말을 입에 달고 다니겠는가. 그러나 이런 어려움 속에서도 살아남은 기업들은 존재한다. 많은 경제학자나 경영학자, 기업가들은 이들 기업이 생존해온 원동력을 살펴보며 그들 기업에는 기업 고유의 DNA가 있음을 확인했다. 그 기업들은 신입사원들에게도 자신들의 DNA를 요구한다. 그 DNA란 세 가지다. 역동적이고(Dynamic) 포기하지 않으며(Nevertheless) 진실하다(Authenticity)는 점이다. 모두 인성과 연관된 내용들이다.

- 살아남은 기업은 현실에 안주하지 않고 쉼 없이 움직이며 트렌드를 이끌어 간다. 이를 역동적(Dynamic)이라고 한다.
- 살아남은 기업은 경쟁사보다 불리한 조건 속에서도 낙담하지 않고 현재 보유하고 있는 다른 역량으로 차별화를 꾀하며 감탄할 만한 자취를 남긴다. 이를 포기하지 않는다(Nevertheless)고 말한다.
- 살아남은 기업은 지갑이 얇아진 소비자의 요구에 일관된 품질과 서비스를 선보이며 기업과 고객이 공유할 만한 가치를 꾸준히 창출하는 데 앞장서서 소비자의 지속적인 사랑을 이끌어낸다. 이를 진정성(Authenticity)이 있다고 말한다. (특히 마지막 요소가 가장 중요한데 이게 1등 기업들의 공통점이다.)

취업에 성공한 그녀들도 마찬가지다. 그녀들의 핏속에는 역동성, 포기하지 않는 정신, 진정성의 DNA가 흐른다. 실제 사례를 통해 하나씩 살펴보자.

그녀들의 성공 DNA ❶ Dynamic

●

case 1 | 백화점 VMD를 꿈꿨던 지영 씨는 대학교 2학년 때 동대문 야시장에서 6개월 동안 아르바이트를 했다. 이유는 하나. 새벽에 눈 뜨는 다른 사람에게 영감을 받고 싶어서였다. 그때 느낀 돈의 소중함과 땀의 가치는 대학생활에 많은 영향을 미쳤다. 백화점 운영지원팀에서 인턴을 할 때는 옷에 먼지를 잔뜩 묻혀가면서도 밝은 모습으로 일했다.

"세상에 필요하지 않은 일이 어디 있겠어요. 물건을 내려야 진열할 수도 있잖아요."

지영 씨와 대화를 나눌 때면 인생 선배처럼 배울 게 많았다. 늘 힘차고 활발하게 움직였던 지영 씨는 졸업하기 전 원하던 백화점에 취업했다.

case 2 | 해운회사에 입사한 혜린 씨는 스무 살부터 혼자 전 세계 20개국을 여행하면서 다른 사람과 소통하는 힘을 키웠다. 이뿐 아니다. 외교통상부 인턴, 미국 해군 장군 의전과 통역, 인도와 스페인에서의 유네스코 봉사활동 등 다채로운 활동으로 삶을 촘촘히 채웠다. 자동차회사에 입사한 수진 씨는 30만 원으로 6개국을 여행했고 윈드서핑과 태복싱(태권도와 복싱이 결합된 운동)으로 체력을 다지며 자신만

의 이야기를 써냈다.

　취업에 성공한 그녀들의 첫 번째 공통점은 역동성(Dynamic)이다. 역동성을 다른 말로 바꾸면 '현장'이 된다. 회사생활을 하다보면 책상보다는 현장에 답이 숨어 있을 때가 많다. IBK기업은행의 모토는 '우문현답'이다. '우리의 문제는 현장에 답이 있다'는 말을 축약한 것으로, 그만큼 현장을 중요시하고 있다는 뜻이다.

　삼성화재를 대표하는 여성 팀장인 최성연 상품서비스파트 파트장은 중국에서 지역전문가 과정을 밟을 때 '수정 인쇄물을 하루 만에 만들 수 없다'는 중국인을 설득해 밤새 인쇄소를 지켰던 경험이 있다. 최 파트장은 이를 통해 '안 된다는 일도 현장을 찾아가면 된다'는 것을 알았다. 이처럼 많은 일들이 현장에서 벌어지고 현장에서 해결되니, 기업은 책상과 친한 모범생보다는 현장과 친한 모험생을 선호한다. 한 금융회사 인사담당자는 "우등생이 문제 푸는 것은 잘할지 모르나 소통에는 약하다. 급변하는 기업 환경에 적응하기도 어렵다. 온실과 제도화된 무미건조함을 벗어나 다양한 경험을 해야 한다."고 말했다.

　요즘은 사기업뿐 아니라 공기업도 역동적인 인재를 원한다. 공기업 면접에서 가장 많이 나오는 질문 중 하나가 '공기업을 택한 이유'다. 안정성처럼 편한 것만 추구하는 사람을 걸러내기 위한 질문이다. 항공사도 추진력과 진취적인 태도를 요한다. 항공 노선이 새로 생길 때는 경제 활동이 활발하지 않은 곳에 가서 시장을 개척하는데, 이때 필요한 것은 서비스 마인드 그 이상이기 때문이다. 은행도 마찬가지다. 과거에는 돈 많은 소수만 은행을 찾았지만 이제는 고객층이 다양해졌다. 회사원은 물론 은퇴자, 다문화 가정주부, 취업준비생, 일용직 노동자 등 모두가 소중한 고객이다. 그들을 이해하고 배려하지 못하면 고객과의 영속적인 관계 유지는 어렵다. 이제 기업은 다양한 삶의 경험을 바탕으로 적극성과 소통력을 키운 인재를 선호하고 있다.

"전문 지식과 기술은 가르쳐 줄 수 있습니다. 그러나 열정은 누가 주입해줄 수 없습니다."

기업 인사담당자가 하나 같이 입을 모아 강조하는 말이다. 결국 합격 당락을 가르는 것은 지원자의 열정이다. 그렇다면 개인마다 품고 있는 열정의 크기를 어떻게 측정할 수 있을까? 바로 경험의 폭과 깊이가 열정의 강도를 대변해준다. 생각해보라. 누구나 멋진 생각을 지어내서 멋지게 말할 수 있지 않겠는가. 그럴듯한 생각과 말은 인사담당자를 설득할 수 없다. 정직하게 땀 흘린 지원자만이 기업의 구미를 당길 수 있다.

그녀들의 성공 DNA ❷ Nevertheless

●

프로와 아마추어의 차이가 무엇일까? 프로는 '그럼에도 불구하고' 를 자주 쓰고 아마추어는 '그렇기 때문에'를 주 무기로 사용한다. 취업에 성공한 그녀와 실패한 그녀의 차이도 마찬가지다. 누구는 습관처럼 '그럼에도 불구하고'를, 누구는 '그렇기 때문에'를 되새긴다. 자, 다음을 살펴보자.

토익점수가 낮다
....
그렇기 때문에 VS 그럼에도 불구하고
....

지방대를 나왔다
....
그렇기 때문에 VS 그럼에도 불구하고
....

나이가 많다
....
그렇기 때문에 VS 그럼에도 불구하고
....

어떠한가? 매우 큰 차이가 있지 않은가? 취업에 성공한 그녀들의 두 번째 공통점은 '그럼에도 불구하고(Nevertheless)'의 마인드를 지닌다는 점이다.

'그럼에도 불구하고'는 CEO가 신년사에서 가장 많이 쓰는 표현 중 하나다. 영업환경이 어렵고 경기침체가 장기화될수록 기업 CEO는 몸을 움츠리지 않고 위기를 정면으로 돌파하는 인재를 선호한다.

기업 채용설명회에 가보면 Q&A 시간에 여학생과 남학생의 질문에 한 가지 차이점을 발견할 수 있다. 남학생이 '무엇은 어떠한가'를 질문한다면, 여학생은 '여자인데, 무엇은 어떠한가'라고 질문한다. 예를 들어 이런 식이다.

"여자가 해외영업을 할 수 있나?" "여자가 지원해도 되나?"

물론 이런 말을 하는 여학생의 심정을 모르는 바 아니다. 자신이 희망하는 부서에 여직원이 적다는 사실을 알고, 지원도 하기 전에 부담을 갖는 것이다. 그러나 세상은 바뀌었다. 여자이기 때문에 할 수 없는 일은 없다. 다만 과거의 통념과 업무 환경 상 어떤 업무는 남자가, 어떤 업무는 여자가 더 적합하다는 편견과 관행이 있을 뿐이다. 취업에 성공한 그녀들은 이런 편견과 관행조차도 과감히 깨트렸다는 공통점이 있다.

case 3 | 학창시절 중국어와 경영을 복수전공한 정연 씨는 석유화학회사 구매팀에 입사했다. 그녀는 취업을 준비하면서 여자라는 이유로 취업 기회가 줄어들까 걱정한 적이 있었다. 그런 고민은 오히려 그녀의 도전에 긍정적인 영향을 주었다. 혼자서 미국, 영국, 중국, 홍콩

등을 다니며 강인함을 키웠고, 이런 자세를 어필하며 좋은 성적을 거두었다.

case 4 | 건축회사 설계팀에 근무하고 있는 미정 씨는 면접 때 여자라서 못할 것은 없다고 당당하게 이야기했다.

"면접 대기실에 가보니 10명 중 저 빼고 다 남자더라고요. 여자라는 이유로 떨어지지 않을까 걱정이 되기도 했죠. 하지만 학과에서도 남학생과 경쟁을 해왔고, 업무적으로도 전혀 뒤떨어지지 않는다고 강조했어요. 특히 단기적으로는 플랜트설계전문가가 되고 싶고, 장기적으로는 이 회사 최초 여성임원이 되고 싶다고 말씀 드렸는데, 당찬 포부가 마음에 든다고 칭찬하셨어요."

그녀들이 넘어선 것은 성별에 대한 장애뿐만이 아니다. 흔히 말하는 스펙의 조건도 열정적인 그녀들에게는 걸림돌이 되지 않았다.

case 5 | 은행에 입사한 지윤 씨는 법학을 전공했다. 보통 은행은 상경계열을 선호한다는 생각에 비전공자는 움츠러들게 마련이다. 그러나 그녀는 남달랐다. 사법시험 1차 합격 경험을 갖춘 지윤는 자신이 금융권에 꼭 필요한 인재라고 생각했다. "자본주의 시장을 규율하고 감독하는 것은 법의 역할입니다." 법학전공자이기에 도전한다는

그녀의 자신감 있는 모습은 면접관의 마음을 움직이기에 충분했다.

case 6 | 자동차회사를 다니는 혜욱 씨는 취업을 희망하는 미대 여대생 사이에 멘토로 떠올랐다. 미술사학을 전공한 그녀는 28세에 공인영어성적이 없음에도 자신만의 매력으로 면접관을 사로잡았다. 그녀는 이 회사가 새롭게 도입한 '잡페어 5분 자기PR'을 통해 서류 전형을 면제받고 국내영업·마케팅 분야에 최종 입사했다. 면접 때는 '12세기 고려청자와 21세기 자동차'를 비교하며 문화와 예술이 반영된 자동차 마케팅 방법을 제안했다. 이러한 창의적인 생각과 자신감에 면접관은 박수를 보냈다.

취업에 성공한 그녀들은 이처럼 자신에게 불리한 점, 부족한 점에 무릎을 꿇기보다는 이를 정면으로 돌파하는 마음으로 취업문을 두드렸다. 물이 반쯤 남았을 때 누군가는 반이나 남았다고 말하고, 누군가는 반밖에 안 남았다고 말한다. 지금 당신 앞에 있는 잔에는 물이 얼마나 있는가? 세상을 바라보는 작은 차이가 짧게는 당신의 이력서나 면접 답변에, 길게는 직장생활 내내 고스란히 드러난다는 사실을 직시하자.

그녀들의 성공 DNA ❸ Authenticity

●

유명교육업체의 강사 모집 공고가 내 눈길을 사로잡았다. 강의과목 이나 강의내용 같은 것은 별다를 것이 없었지만 하단에 표기된 문구 가 특이했다.

공통 제외사항 : 열정 없는 분, 배신하실 분
....

얼마나 명쾌한가. 기업이 원하는 인재상을 아주 쉽고 위트 있게 표 현했다. 그녀들의 성공 DNA 세 번째는 '배신하지 않을 사람'과 통한 다. 바로 진정성(Authenticity)이다. 진정성은 생각과 말, 행동의 일치 를 말한다.

외식기업 면접장. 식품개발자를 뽑는 자리에서 두 지원자가 이색메 뉴를 제안했다. 그들의 목소리는 자신감과 확신에 차 있었다. 면접관 은 두 지원자에게 이렇게 질문했다.

"그 요리를 만들어 본 적이 있습니까?"

"아니요."

면접결과는 어떠했을까? 안타깝게도 둘 다 면접에서 탈락했다. 면 접은 사람과 사람의 만남이다. 이 자리에서 가장 중요한 것은 다름 아닌 신뢰다. 면접관은 말만 그럴듯한 지원자를 골라내는 데 선수다. 면접관이 뽑고자 하는 이는 진정성 있는 인재다.

한번은 상담원을 뽑는 회사에 외부면접관으로 참여한 적이 있는데, 100여 명에 가까운 지원자 중 그 회사 상담전화번호를 제대로 아는 이가 5명에 불과해서 놀란 적이 있다. 그중 3명은 이 회사에서 계약직으로 일한 경험이 있었고, 나머지 2명만 회사에 대한 관심으로 상담전화번호를 찾아본 것이다.

이렇게 기본적인 것도 찾아보지 않고 애사심을 강조하는 이들을 어떻게 믿어야 할까? 기업이 자기소개서나 면접 답변을 곧이곧대로 믿지 않는 것은 그들이 의심이 많아서가 아니다. 기업에 당신의 진심을 전달하려면 그만큼 준비가 필요하다.

얼마 전 서울에 있는 한 대학교에 취업특강을 하기 위해 방문했다. 그 자리에는 취업동아리 활동을 통해 친분을 쌓은 학생이 미리 자리에 앉아 이야기를 나누고 있었다. 좁은 공간이라 그들의 목소리가 크게 울렸다.

"참, A회사 자기소개서 썼어요? 오늘 저녁 때 마감이던데…."

"아직요. 특강 끝나고 대충 붙여넣기 하려고요. 질문은 왜 그렇게 많은지 모르겠어요."

"저는 그래서 포기했어요. 질문이 많아서…."

"그냥 아무렇게나 쓰세요. 뭐 다 읽기야 하겠어요?"

한 시간도 안 되는 짧은 시간 동안 자기소개서를 쓴다는 것도 그렇고, 자기소개서 질문의 양이 많아 입사지원을 안 하겠다는 것도 그렇고, 인사담당자의 말을 믿지 않고 아무렇게나 쓰겠다는 것도 그렇고. 나는 듣지 말아야 할 내용을 들은 것처럼 얼굴이 화끈거렸다. 진심 없이 취업 준비를 하는 그들의 모습이 안타까워 그날 나는 특강에서 몇 차례 '진정성'을 힘주어 강조했다.

case 7 │ 현재 해양수산업체 기획운영팀에서 근무하고 있는 정아 씨의 발자취는 기업이 원하는 진정성이 무엇인지 잘 보여준다. 불어 불문학과를 전공한 그녀는 아이티 지진이 났을 때 프랑스에 있었는데 그때 자신의 불어 역량을 보다 실질적인 방향으로 활용해야겠다고 다짐했다. 이후 한국에 돌아온 그녀는 국내의 아프리카 사람을 법률적으로 지원하고, 그들의 이야기를 법원에 어필하는 인턴활동을 시작했다. (참고로 아프리카의 많은 나라들이 불어를 사용한다.)

case 8 │ 도경 씨는 디자인회사에서 아르바이트를 하다 정규직 입사 제의를 받았다. 그 비결이 무엇이냐는 내 질문에 그녀는 웃으며 이렇게 말했다.

"팀장님이 입사 제의를 하시면서 제가 6주 동안 한 시간 일찍 출근하고, 큰 소리로 인사 잘 하고, 항상 메모지를 들고 다니는 모습이 좋아 보였다고 하셨어요. 그냥 성실한 모습을 보여드리고 싶었던 건데 마음이 통해서 신기해요."

case 9 | 한겨울, 홍보대행사에서 인턴을 하던 희선 씨는 발가락 첫 번째 마디가 골절되는 부상으로 한 달 동안 깁스를 했다. 경사진 계단과 오르막길을 걷는 것이 불편했지만 한 번도 빠짐없이 30분 일찍 출근했다. 특히 폭설이나 비가 내리는 날에도 직원들보다 일찍 도착해 성실한 자세를 인정받았다. 인턴 마지막 날, 상사는 그녀에게 한 장의 명함을 내밀며 이렇게 말했다.

"이 회사에서 신입사원을 뽑는다기에 희선 씨를 추천했습니다. 비전도 있고 분위기도 좋으니 관심 있으면 한번 가 보세요. 말이 아닌 행동으로 성실한 모습을 보여준 희선 씨니까 어디서든 인정받을 겁니다."

정아 씨가 말과 행동이 같아야 한다는 '진정성의 의미'를 잘 보여주었다면, 도경 씨와 희선 씨는 '진정성의 힘'을 잘 보여준 사례다. 진정성은 백 번을 강조해도 지나치지 않는다. 기업이 진정성을 중시하는 이유는 많은 지원자가 면접 때 내걸었던 약속을 지키지 않기 때문이다. 애인과의 약속보다 회사 업무를 중시하겠다는 마음은 한 순간에 바뀌고, 자신의 사회생활을 지지하지 않는 사람과는 결혼도 하지 않을 것이라며 큰소리를 쳤던 지원자는 지방 발령을 받자마자 부모가 인사팀에 전화를 걸어 항의하기도 한다. 화장실 가기 전과 다녀온 후가 이처럼 다르니 면접관이 무엇보다 중요하게 생각하는 것은 지원자의 진정성이다.

Be SMART!

기업보험 분야에서 유일한 여성임원으로 화제가 된 모재경 차티스 상무는 여성의 장점은 소통에 있다고 강조했다. 소통하고 공감하는 과정에서 상대방의 능력을 세심하게 볼 수 있다는 것이다. 모 상무는 여성 후배에게 'Be SMART(비 스마트)'라는 조언을 건넸다. SMART는 다음과 같은 뜻을 갖고 있다.

여성이여, Be SMART!

S : Show Yourself(여성임을 알아주길 바라지 말고, 자신의 능력과 역량을 보여라)

M : Meet the right people(자신의 능력을 알아봐 주고 이해해 줄 수 있는 사람을 만나라)

A : Achieve what you want(자신이 원하는 목표를 정확히 설정하라)

R : Rock Customs(여성이기에 못한다는 관습을 과감하게 깨라)

T : Team is all that success(팀이나 조직과 동반 성장하라)

여성 채용에 관심이 있는 회사

- 이웅열 코오롱그룹 회장은 그룹의 반은 여성 인력으로 채워져야 한다는 생각을 갖고 있다. 2002년 여성인력할당제를 업계 최초로 도입하고 여성인력 채용을 지속적으로 확대하는 것도 모두 이 회장의 의지에 따른 것이다.

- 인사 · 경영 전문지 'HR 인사이트(Insight)'에 따르면 매출액 순위 국내 100대 상장 기업 가운데 최다 여자 임원을 보유한 기업은 KT다. 마케팅을 책임지고 있는 부서의 본부장은 모두 여자 임원으로 채워져 있다. 이석채 회장은 "KT의 가장 중요한 고객은 여자이다. 이들의 심리를 가장 잘 아는 사람도 여자이다. 여자를 핵심부서의 임원으로 선발하는 것은 당연하다."고 말했다.

- 전통적으로 주류업계는 보수적인 색채가 강한데다 술이라는 제품의 특성상 남자인력 비율이 절대적으로 높았다. 그러나 여성의 술 소비가 늘고, 알코올 도수가 낮은 저도주가 인기몰이를 하면서 금녀의 벽이 깨지고 있다. 하이트맥주는 2009년 창사 이래 처음으로 여자영업사원 10명을 채용했고, 진로도 신입사원 채용에서 여자인력 비율을 확대했다.

미스코리아보다
복싱퀸

"힘든 일은 잘 못하게 생겼는데 운동은 어떤 걸 하고 있나요?"

연구원을 희망하는 소연 씨는 면접 때 이런 질문을 받았지만 딱히 할 말이 없었다. 평소 운동과는 담을 쌓고 살았기 때문이다. 여자는 남자에 비해 운동이나 스포츠에 관심이 적다. 남자는 운동으로, 여자는 수다로 취업 스트레스를 해소한다는 어느 취업사이트 조사 결과도 있다.

여성적 약점을 지울 수 있는 방법 가운데 하나는 체력적으로 준비가 되어 있는 사람임을 어필하는 것이다. 실제로 회사 일이란 책상에 앉아서 하는 일이 전부가 아니다. 무거운 짐을 들어야 할 때도 있고, 장거리 이동을 해야 할 때도 있다.

얼마 전 어느 회사에 외부면접관으로 참여할 기회가 있었다. 당시 그 회사는 서비스 마인드와 함께 튼튼한 체력을 갖춘 인력을 필요로 했다. 하루에도 몇 번씩 무거운 물건을 날라야 했기 때문이다. 그날 4명의 면접관은 여자 지원자에게 "힘든 일도 할 수 있느냐?"고 빠짐없이 물었다. 남자 지원자에게는 묻지 않았던 질문이다. 대다수의 여성 지원자가 다음과 같이 대답했다.

"(미소 지으며) 어떤 일이든 잘할 수 있습니다. 꼭 뽑아주세요."

상냥한 목소리로 무작정 열심히 하겠다는 말로는 면접관을 설득시키지 못한다. 그때 한 여성지원자가 다음과 같이 말했고, 면접관은 모두 고개를 끄덕이며 좋은 점수를 줬다.

"저는 과거에 유사한 일을 해본 경험이 있습니다. 또한 5년 전부터 수영과 테니스를 하고 있기 때문에 충분히 잘해 낼 수 있습니다."

기업은 운동이나 스포츠를 즐기는 여자 지원자를 선호한다. 체력과 끈기를 키울 수 있고 팀워크 등을 배울 수 있기 때문이다. 건강한 체력은 직장인에게 기본이다. 배우 이시영을 보라. '복싱퀸'에 등극하면서 연기는 기본이요, 강한 끈기와 도전정신까지 갖추게 되었다. 한 대기업 인사담당자가 대학생에게 마라톤을 적극 추천한 것도 같은 맥락이다.

운동이나 스포츠에 대한 경험담을 입사지원서에 적으면 면접 때 관련 질문이 자주 나온다. 자동차회사 IT부문에 입사한 미연 씨는 이력서 취미 란을 '인터넷 검색'에서 '패러글라이딩'으로 바꾼 후 취미와 관련된 질문을 자주 받았다. 복싱 도장에서 코치로부터 국가대표선수 유니폼을 선물 받은 아라 씨의 이야기는 면접관의 이목을 사로잡기에 충분했다.

"여자 지원자의 이력서나 자기소개서에 축구, 야구, 복싱, 무에타이, 스피닝 바이크, MTB 자전거, 골프, 당구, 스킨스쿠버 등의 소재가 올라오면 매우 흥미롭습니다. 적극적이고 활동적인 이미지를 줄 수 있습니다."

한 대기업 인사담당자의 목소리다.

면접 때 잔뜩 긴장하던 연수 씨도 축구 덕을 봤다. 평소 UEFA 챔피언스리그 시간표를 꿰뚫고 있던 연수 씨는 축구에 대한 질문이 나오자 자신감이 생겼다고 했다.

"어떤 팀을 좋아합니까?"

"FC 바르셀로나를 좋아합니다. FC 바르셀로나와 레알 마드리드의 경기가 있을 때면 밤을 새워 경기를 본 후 리뷰를 합니다. 3년 전부터 FC 바르셀로나 팬카페에서 활동하고 있습니다. FC 바르셀로나를 응원하면서 공동체 의식을 키웠고 전략 구상하는 방법도 배웠습니다. 입사 후에도 이런 마인드로 조직에 기여하고 싶습니다."

한참을 소리 높여 이야기하는데 갑자기 한 면접관이 웃으며 이렇게 말했다.

"소극적인 줄 알았더니 생각보다 적극적이군요. 우리 회사에 들어와서는 응원만 하지 말고 주전으로 뛰어주길 바랍니다."

여자는 남자보다 기초체력이 약하고 체력관리가 소홀하다는 게 일반적인 상식이다. 하지만 이런 편견을 확 깨준 사례가 있다. 당신은 2012년 군사훈련 성적에서 1위를 차지한 곳이 어디인 줄 아는가? 다름 아닌 숙명여대 ROTC다. 숙대 ROTC는 전국 110개 대학 ROTC 중 1등이라는 쾌거를 기록했다. 51기가 참가한 하계 훈련 때만 해도 수류탄 과목에서 하위에 머물렀던 그녀들은 이듬해 하계 훈련에서 52기가 같은 과목 1위를 차지했다. 또 화생방, 통신장비, 개인화기, 유탄발사기 등 남자 후보생도 힘들어하는 과목에서 우수한 성과를 냈다. 그녀들이 얼마나 노력했는지 한눈에 알 수 있는 대목이다. 당시 교관을 맡았던 한 소령은 "남성 후보생들은 어차피 가야 할 군대를 왔다는 생각이 깔려 있는 반면 여성 후보생들은 꼭 오고 싶은 곳을 왔기 때문에 집중도가 크게 차이가 난다"고 분석했다.

오래 전부터 체력관리를 해왔다면 좋겠지만, 지금이라도 늦지 않았다. 운동이든, 스포츠든 당신에게 맞는 것을 찾아 꾸준히 몸을 단련할 필요가 있다. 숙대 ROTC를 보라. 그녀들처럼 정신력을 키우고 노력을 더하면 못할 것이 없지 않겠는가.

취업 경쟁력을 UP 시켜줄 2가지 방법

1. TV를 끄고 신문을 켜라

대기업 임원 비서가 들려준 이야기다. 그녀가 모시는 임원은 매일 아침 7개의 조간신문을 읽고 브리핑한다. 그렇게 신문을 읽고 중요한 부분을 스크랩하라고 요청한다. 임원이 주로 읽는 면은 바로 경제, 증권, 정치면. 세상을 움직이는 큰 줄기를 읽기 위해서다. 그런 임원과 대화를 나누려면 어떤 지식을 쌓아야 할까?

나는 모의면접을 볼 때마다 '오늘 읽은 신문기사'를 물어본다. 그런데 대부분의 여자는 연예인 가십을 많이 꺼낸다. 당신이 패션회사와 뷰티회사, 연예계에 종사할 게 아니라면 패션뷰티연예면은 잠시 스톱하라. 기업 CEO나 임원 중 패션, 뷰티, 연예면을 즐겨보는 이는 드물다. 이제부터 돈이 되는 지식을 쌓아라. 무엇이 돈을 불러오는지 생각하라.

2. 재능봉사를 하라

봉사활동 하나만 잘해도 자신의 정체성을 드러내는 데 큰 도움이 된다. 영양사를 희망한다면 저소득 계층 아동을 위해 방과 후 요리교실을 진행하고, 출판에 관심이 있다면 시각장애인을 위해 점자도서 원고입력을 해보라. 디자인 실력이 있다면 CI를 무료로 제작해주는 봉사활동을 하는 것은 어떨까?

홀로 서기,
준비되었는가

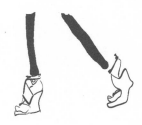

지금까지 우리가 살펴보았던 이야기는 다시 '독립심'이라는 단어로 바라볼 수 있다. 남자가 유리하고 여자는 안 되고 이런 게 중요한 게 아니다. 남자든 여자든 홀로 설 준비가 된 사람에게 합격의 기회는 주어진다. 그런데 내가 아는 몇몇 여자 구직자들은 의존성이 여전히 높다.

"취업은 무슨 취업이야. 너는 세상 물정을 너무 몰라. 여자는 공무원이 최고야. 정 싫으면 다시 교대에 들어가서 임용고시를 보든지."

수란 씨가 최근 몇 년간 부모님으로부터 매일 같이 듣던 말이다. 그녀는 너무 지쳐 있었다. 두 달 전 공무원 시험에 떨어졌을 때는 자살 충동마저 일었다고 했다.

수란 씨를 처음 만난 건 3년 전 일이다. 나는 그녀와 만난 날을 지금도 생생하게 기억한다. 그녀는 나를 보자마자 울컥하더니 상담시간 내내 펑펑 울었다. 수도꼭지 튼 것마냥 눈물이 하염없이 흘러 티슈 한 통을 다 썼을 정도였다. 간혹 내담자가 눈물을 보이는 경우는 있어도 이처럼 1시간 내내 울었던 경우는 처음이었다.

그녀는 지금껏 대학생활을 즐긴 기억이 없다고 토로했다. 입학하자마자 휴학을 하고 한 달에 100만 원씩 들어가는 재수학원을 다녔고, 재수에 실패한 다음에는 편입 준비를 했다. 편입에 성공한 이후에도 하루 종일 도서관에서 살며 공무원 시험을 준비했다. 하지만 목적 없는 공부는 또 다른 실패를 안겨줬다. 그녀는 자신의 삶이 너무 후회스럽다고 말했다.

그런데 시험 실패보다 더 큰 문제가 하나 있었다. 이 같은 선택이 모두 부모님의 강요로 이루어졌다는 점이다. 수란 씨 부모님은 사회적으로 성공하신 분들이었다. 그녀는 어릴 때부터 단 한 번도 부모님 말씀을 거역한 적이 없었다. 학교나 전공을 선택할 때는 물론, 옷 하나 고를 때도 부모님 뜻을 따랐다. 부모님이 연애를 반대했기 때문에 지금껏 남자친구를 만나 데이트를 해 본 적도 없고, 밤 10시 통금시간은 칼같이 지켰다.

꽃처럼 예쁜 20대의 절반을 고3처럼 공부만 한 수란 씨. 나는 그녀가 너무 가여웠다. 친구들과 변변한 추억 한 번 쌓지 못하고, 좋아하는 사람과 데이트를 한 기억도 없다니. 수란 씨 나이 25살, 그동안 얻은 것은 편입시험을 통해 얻은 학교 이름이 전부였다.

"선생님, 저는 이제 어떻게 해야 할까요?"

그녀가 마음을 추스르더니 조언을 구했다. 나는 이렇게 말했다.

"빨리 집을 나오세요."

느닷없는 내 말에 수란 씨 눈동자가 커졌다. 그녀의 부모님이 혹시라도 이 책을 보시면 나를 못마땅해 하실지 모르겠다. 며칠 후 수란 씨는 모든 걸 훌훌 털어버리고 호주로 떠났다. 나 홀로 여행이었다. 집을 떠나서 생활하는 건 25년 만에 처음 있는 일이었다.

다른 이들에게는 특별하지 않은 이 경험이 그녀 인생에 큰 변화를 불러왔다. 여행을 통해 자유를 얻은 그녀는 찬찬히 자신의 삶을 돌아봤다. 그리고 공무원 시험을 중단하기로 했다. 더 분발해서 공무원이 되길 바라셨던 부모님이 노발대발한 건 당연한 노릇이었다.

수란 씨는 현재 중소기업 회계팀에서 직장생활을 하고 있다. 배낭여행을 통해 자신감을 찾은 후 적극적으로 구직활동을 시작했다. 고용지원센터에서 진행하는 청년층 뉴스타트 프로젝트에 참여했고 심층상담을 통해 회계직으로 방향을 잡았다. 지금도 그녀는 간간히 메신저로 소식을 전해온다. 다행히 일도 적성에 잘 맞아 보였다. 무엇보다 중요한 것은 더 이상 그녀가 울고 있지 않다는 것이다.

　나는 취업준비생이 하루 빨리 부모님의 울타리에서 벗어나 자기 인생의 주인이 되길 바란다. 돌이켜보면 나 역시 부모님을 떠나 혼자 살면서부터 진짜 어른이 된 것 같다. 23살 봄, 학원 강의를 하며 모은 돈 200만 원을 들고 서울로 온 그 날부터 홀로서기는 시작됐다. 무엇을 해 먹을지, 어디서 잘지, 어떤 사람을 만날지…… 무엇 하나 스스로 하지 않으면 안 되었다. 몸이 아플 때도 의지할 사람은 없었다. 그렇게 혼자 살면서 자립심이 생겼다.

　물론 부모의 조언은 힘이 될 때가 많다. 자식이 잘 되길 바라는 마음에서 그동안의 연륜을 바탕으로 세세한 부분을 살펴주시기도 한다. 하지만 부모의 뜻대로 사는 것은 진정한 효가 아니다. 당신은 착한 딸이라는 포장 아래 자신이 해야 할 결정을 부모에게 미루는 게으른 20대일지도 모른다.

　지난겨울에 만난 희진 씨는 권위적인 아버지 때문에 그토록 원하던 일자리를 놓쳤다. 사연인즉 그랬다. 디자인을 전공한 그녀는 자신이 운영하는 블로그에 팬시용품에 어울리는 일러스트를 그려 수시로 올려놓았다. 그 디자인을 보고 한 문구회사에서 면접제의를 해왔다. 평소 호감을 갖고 있던 회사라서 뛸 듯이 기뻤다. 다행히 면접 결과도 아주 좋았고 열흘 후부터 출근하기로 했다.

　"요즘 같은 취업난에 먼저 스카우트 제의를 받았으니 부모님이 정말 기뻐하실 거라 생각했어요. 제가 스펙이 그리 좋지도 않거든요. 공모전 수상 경력도 없고 어학점수도 없어요. 그런데 생각지도 않은 아버지 반대에 부딪혔죠."

대기업 임원이신 아버지는 딸이 좀 더 이름 있는 회사에서 높은 연봉을 받고 일하기를 원하셨다. 희진 씨가 그 회사를 가겠다고 말하자 화를 내시고 휴대폰을 빼앗았다. 눈물을 흘리는 그녀에게 아버지는 호언장담하셨다. "내가 일자리 알아봐줄 테니 걱정 마." 그리고 6개월이 지났다. 하지만 그녀는 여전히 구직중이다.

권위적인 부모는 '그 일 안 돼! 저 일 안 돼!'를 외치며 딸을 품에 안는다. 돈이 적어서 안 되고 비정규직이라서 안 되고 야근이 많아서 안되고 등등 이유도 많다. 부모의 눈에는 마흔을 바라보는 딸도 철부지 어린아이처럼 보일 뿐이다. 하지만 자신의 꿈이 확고하다면 부모를 설득하는 것도 우리의 몫이다. 라이프코치 김미경 강사는 "꿈에 대한 분명한 확신이 있다면 부모를 울려서라도 내 길을 가는 게 옳다."고 말했다.

우리는 부모와 다른 세대에 살고 있다. 자고 일어나면 세상에 없던 새로운 것이 나타나 우리를 놀라게 하지 않는가. 이런 세상에서 주인공으로 살아가야 할 사람은 부모님이 아니라 당신 자신이다. 당신은 자기 내면에서 울려나오는 목소리에 충실하며 살아야 한다. 하지만 착한 딸은 자기 속마음을 파악하는 힘이 약하다. 소위 여자다운 여자로 자라는 과정에서 개성과 욕구를 발전시키는 방법을 배우지 못했기 때문이다.

〈당당하고 진실하게 여자의 이름으로 성공하라〉의 저자 김효선 씨는 다음과 같이 조언했다.

"여자에게는 자기를 발견하는 노력이 매우 중요하다. 아직 우리 사회는 여자에 대해서 이중적이고 모호하고 상호 모순적인 기준을 들이대고 있다. 특히 유리천장에 도달해서는 이 혼란스런 기준들이 여자를 좌절시키는 딜레마로 작용할 수 있기 때문에, 혼란 속에서 자기중심을 잡고 서 있기란 보통 어려운 일이 아니다. 이때 외부 요인에 자기의 판단을 맡겼던 습관은 여자의 혼란을 더욱 가중시킬 것이다. 자기중심적 삶을 연습해 온 사람만이 자기 자신의 에너지로 세상과 만날 수 있을 것이다."

자신의 욕망대로 인생을 살고 싶은 그녀들에게 '나 홀로 여행'을 추천하고 싶다. 혼자이기 때문에 어려운 점도 있겠지만 그만큼 자유롭고 배울 것도 많다. 여행전문작가 베스 휘트먼이 운영하는 웹사이트 '방랑벽과 립스틱(wanderlustandlipstick.com)'을 방문해보라. 지금 당장 여행을 떠나고 싶다는 마음이 들 것이다.

윤대현 서울대병원 정신건강의학과
교수가 알려주는 모범생 진단법

'오늘 꼭 해야 할 일'과 '오늘이 내 인생의 마지막 날이라면 하고 싶은 일'을 적은
뒤 둘을 비교해보라. 모범생일수록 둘의 차이가 크다. 해야 할 일의 리스트가 훨
씬 길다.

"인생의 30%쯤은 날라리로 살아야 행복을 느낄 수 있습니다. 날라리가 되려면
오늘이 내 인생의 마지막 날이라고 생각하고 하고 싶은 일을 늘려야 합니다. 일
상에서 실천할 수 있는 방법도 있습니다. 하루 10분씩 사색하면서 걷고, 마음을
터놓을 수 있는 진정한 친구를 사귀고, 취미생활이든 뭐든 마음이 즐거운 일을
하세요."

홀로 서기를 하고 싶은 여자에게 추천하는 책

〈여자 혼자 떠나는 여행의 기술〉: '나 홀로 여행'을 꿈꾸는 사람들을 위한 친절한
여행서다. 홀로 여행을 떠나고 싶은 여자들이 가장 고민하는 항목들을 골라 자세
히 알려준다.

〈돈을 아는 여자가 아름답다〉: 홀로 서기를 마음먹었다면 경제개념은 필수. 특

히 돈을 제대로 알고 관리하는 것이 중요하다. 현직 은행원·금융 컨설턴트인 저자는 여자라고 해서 부모의 그늘에, 남편이나 애인의 후원에 기대어 돈이나 재테크와는 무관한 삶을 살던 시대는 지났다고 주장한다.

〈인생에서 가장 소중한 것〉: '인생에서 가장 소중한 것이 무엇인가'라는 질문에 17인의 명사가 답하는 책. 내 삶의 주인으로서 자신의 정체성을 파악하고 진정으로 하고 싶은 일을 할 때 인생에서 가장 소중한 것을 찾을 수 있다고 강조한다. 힘들고 지쳤을 때 멘토 17인의 목소리가 위로가 되어줄 것이다.

〈100달러로 세상에 뛰어들어라〉: 돈도 기술도 전문지식도 없다고 좌절하지 마라! 100달러도 안 되는 돈으로 비즈니스에서 성공한 사람들의 이야기를 들을 수 있다. 절박한 상황에서 생각의 전환을 통해 새로운 가능성을 열 수 있음을 알려준다.

〈나는 내일을 기다리지 않는다〉: 20만 시간의 연습을 통해 자신의 한계를 극복하며 치열하게 살았던 강수진의 모습이 담겨 있다. 열정과 노력으로 성장을 거듭해 Only one이 된 그녀의 삶을 통해 자극을 받을 수 있을 것이다.

〈알파레이디 북토크〉: 취업, 직장생활, 연애, 결혼, 육아 등 여성이라면 한 번쯤 고민했거나 마주하게 될 다양한 문제에 대한 해법이 담겨 있다. 마치 강연을 듣는 듯 현장감 있게 각 분야 노하우를 접할 수 있다.

〈위대한 결단의 순간〉: 경제신문 기자 3인이 자신의 분야에서 성공한 28인에게 '내 인생을 바꾼 결단의 순간'을 묻고 취재했다. 어려운 상황에서도 통찰력 있는 결단을 내리는 비결은 무엇인지, 멈추지 않고 앞으로 나아갈 수 있었던 원동력은 무엇인지 '결단의 스토리'를 들을 수 있다.

양성성으로 승부하라

여성으로서, 이 시대에 취업문을 뚫는 가장 좋은 방법은 양성성이다. 그게 1장의 결론이다. 여자의 장점인 섬세함과 감성에 남자의 장점인 추진력과 주인의식을 동시에 갖춘 사람이 취업에 한 걸음 앞서게 된다.

양성성을 지닌 사람은 전형적인 남성성이나 여성성을 지닌 사람보다 자신감이 있고, 업무 성취 능력이 있으며, 사회 적응력이 높다는 조사 결과도 있다. LG경제연구원 관계자는 "미래 인재전쟁 시대에는 남성과 여성의 서로 다른 라이프사이클과 가치, 성향 차이를 이해하고 양쪽 모두의 역량을 활용할 수 있는 양성 언어 구사력(Gender Bilingual)이 필요하다."고 말했다.

우리 안에는 여성성과 남성성 모두 있다. 적절하게 여성성과 남성성을 꺼내 자신만의 매력을 발산하면 취업은 물론 이후의 직장생활에서도 좋은 성과를 낼 수 있다. 조직행동 컨설팅전문 하임그룹 팻 하임 CEO는 "여자성이 기업에 좋은 영향을 미칠 땐 여자의 스타일대로, 남자성이 기업에 좋은 영향을 미칠 때는 남자의 스타일로 일을 진행하는 게 최고"라고 말했다.

여자 프로농구단을 이끄는 한 감독은 선수들에게 항상 이 말을 강조한다.

"난 여자를 가르치는 것이 아니다. 프로선수를 가르친다. 내 앞에서 여자이길 바라지 마라."

백과사전에서 인물의 이름을 찾다 보면 흥미로운 현상을 발견하게 된다. 미국의 문화인류학자인 루스 베네딕트는 여자일까, 남자일까? 해당 구절을 찾아 읽어 보면 그가 여자라는 사실은 '여자대학'을 나왔다는 표현에서만 찾을 수 있을 뿐 어디에서도 여성이라는 사실을 읽을 수 없다. 세상은 그의 업적만을 기억하고 있지, 그가 남자였는지 여자였는지 그건 중요한 게 아니라는 사실이다. 마찬가지로 소비자에는 남자 고객과 여자 고객이 따로 있지만 직장에는 직장인이라는 제3의 성이 존재할 뿐이다.

천직을 발견하는
3가지 방법

"가야 할 길이 어디인지 안다면, 그것을 위해 미칠 수 있을 텐데
······. 지금은 무엇을 해야 할지 모르겠어요."

상담을 하다 보면 이런 고민을 털어놓는 이들을 자주 만난다. 나는
그들에게 도서관에 있는 책을 모조리 읽어보라고 권한다. 하루에 몇
십 권씩 속독을 하다 보면 자연스럽게 깨달음을 얻을 수 있다. 이 방
법 외에도 천직을 발견할 수 있는 방법은 많다. 당신도 같은 고민을
하고 있다면 다음의 이야기에 귀를 기울여라.

1. 천직은 삶을 닮았다

'오락 기계'는 희극인 김미화의 초등학교 시절 별명이다. 6살부터 코미디언이 되는 것을 동경했던 그녀는 오락 부장, 응원 단장, 체육부장, 합창 지휘자 등 모든 행사에서 반 대표로 맹활약했다. 고등학교 때는 재능을 인정받아 군부대 위문공연 사회를 직접 보았다. 그리고 19살, 그녀는 코미디언이 됐다.

싸이는 어린 시절 TV에서 본 록그룹 퀸의 '보헤미안 랩소디' 공연으로 가수의 꿈을 키웠다. 그는 어릴 때부터 사람들이 모이는 곳만 보면 피가 끓었다. 학교에서는 오락 부장, 응원 단장으로, 학교 밖에서는 물 좋다는 나이트클럽을 섭렵했다. 그 시절의 경험이 코믹한 춤을 만드는 자양분이 됐다.

연예인 중에는 이처럼 삶이 곧 직업인 이들이 많다. 타고난 끼와 매력을 살려 손쉽게 천직을 발견하곤 한다. 연예인만 그런 것은 아니다. 우리 주변에도 자신에게 꼭 맞는 직업을 선택한 이들이 있다. 뛰어난 창의력을 살려 마케터가 되고, 남다른 어학실력을 발휘해 번역가가 되기도 한다.

얼마 전 나는 인터넷을 검색하다 많은 사람에게 위로와 희망을 건네는 블로그를 발견했다. 블로그 주인장이 대학교 졸업을 앞두고 있을 때 적은 글은 유독 내 마음을 두드렸다.

돌이켜보면 저의 대학생활은 계획과 너무 달랐습니다.

제가 꿈꿔왔던 대학생활은 영어공부를 열심히 해서 일단 교환학생에 지원하고 학교의 지원을 받아 외국문화도 체험해보고 해외봉사도 가고 각종 학생회활동, 동아리를 해보는 것……

그러나 아무것도 하지 못했습니다. 대학교 1, 2학년 때는 엄마 간병과 집안일을 병행하고 대학교 3학년 때는 아빠, 엄마, 동생 병원에서 간병을 하고 결국 대학생 때 아빠의 장례식을 치르게 되었습니다. 왜 이상하게 나만 건강하냐고 생각할 때쯤 대학교 4학년 때 스트레스성 위염으로 입원하고 응급실에서 링겔 맞기를 몇 번 했는지……. (중략)

조금 전 바우처 아주머니는 제게 이런 말을 해주셨습니다.

"원래 인생은 계획대로 되지 않아. 그리고 계획대로만 된다면 사는 게 재미가 없지." (중략)

'그래 그래. 살다보면 그럴 때도 있지. 안 좋은 날이 있으면 또 좋은 날도 있는 거고.'

　한참을 블로그에 머물러 구석구석 살펴보니 많은 이들이 힘들고 지친 마음을 위로받고 있었다. 긍정 기운으로 다른 이의 마음에 후시딘을 발라주던 그녀, 그녀는 대학을 졸업하고 어떤 일을 하고 있을까? '불평없는 세상만들기 한국본부(CFW KOREA)'에서 활동하며 감사의 마음을 확산시키는 캠페인을 펼치고 있다.

* 불평없는 세상만들기(Complaint Free World)는 우리가 살아가면서 무의식중에 하는 불평, 불만을 줄이고 감사를 찾아가는 삶을 위한 캠페인이다. 2006년 여름, 미국의 한 작은 교회에서 시작된 이 캠페인은 입소문을 타고 지역 언론의 조명을 받았다. 이후 TV 〈오프라 윈프리 쇼〉, 〈투데이 쇼〉 등에 소개되면서 미국 전역으로 퍼졌고, 현재까지 전 세계 80여 국가의 1,000만 명 이상이 캠페인에 참여하고 있다.

이뿐만 아니다. 그녀는 페이스북에 '마음을 치료하는 성형내과'를 개원하고 네이버 블로그에는 '임지선의 러브테라피(lovelymentor. com)'를 열고 많은 사람에게 위로와 희망을 심어주고 있었다. 그녀의 직업은 어쩜 그렇게 그녀의 삶과 닮아 있을까? 블로그나 페이스북을 방문하면 그녀의 직업과 삶이 하나로 통한다는 것을 쉽게 알 수 있을 것이다. 나는 누군지도 모르는 그녀를 마음 깊이 응원한다.

천직을 찾고 싶은가? 그렇다면 당신의 어제와 오늘을 돌아보고, 내일을 계획하라. 천직은 삶을 그대로 닮아 있기 때문이다.

TO. 20대에게

"진정으로 20대가 꿈을 가지길 바란다. 나는 일찍이 꿈을 가지게 된 운 좋은 사람이라고 생각한다. 대학교에서 학생들에게 꿈이 뭐냐고 물어보면 많이들 주저한다. 가령 자신이 정치인이 되고 싶다면 어떻게 정치인이 될 것인지 살

퍼보고 준비해야 된다. 개그맨들을 봐도 끊임없이 노력하는 사람들이 성공한다. 성공한 사람들 중에서도 대기업의 사장이라고 해서 많은 돈을 쓰며 편하게 살 것 같지만 그들의 삶을 들여다보면 우리가 모르는 치열한 삶이 있다. 이렇듯 자신의 꿈이 무엇이든 어떤 가치를 가지고 있든 하나 세워보고 그것을 이루기 위해서 내가 어떤 과정을 준비해야 할지 생각해봐야 한다. 그렇기에 인생의 꿈이란 멀리 세워진 깃발과 같은 것이다."

- 김미화, 오마이뉴스 인터뷰 중에서

2. 타인의 눈에 천직이 보인다

스스로 천직을 발견하는 이는 행운아다. 일찍 재능을 발견하면 그만큼 재능을 키워 가는 데 유리하기 때문이다. 하지만 다른 방법도 있다. 다른 사람과의 소통을 통해 천직을 찾는 법이다.

배우 배두나는 고등학교를 졸업할 때까지 수줍음 많은 평범한 여학생이었다. 학창시절에는 집과 학교밖에 몰랐고 예술에 소질이 없어서 사무직이 어울린다고 생각했을 정도다. 그런데 어떻게 연예계에 들어섰을까? 그녀는 대학교 1학년 때 우연히 길거리 캐스팅을 통해 사진 모델로 데뷔했다. 얼마간 모델 활동을 하는 동안 그녀는 자신이 카메라를 좋아한다는 것을 알았다. 처음엔 연기를 아르바이트로 생각했다던 그녀가 지금은 실감나는 연기력으로 세계적인 감독과 팬의 눈을 사로잡고 있다.

80년대 최고의 뉴스 앵커로 꼽혔던 신은경 전 아나운서는 고등학교 국어선생님을 잊지 못한다. '뭐 하나 내세울 게 없는 사람'이라는 열패감에 시달리던 시절, 국어선생님은 그녀의 목소리에서 재능을 찾고 칭찬해주셨다. 뿐만 아니라 교내 행사 사회자, 체육대회 장내 아나운서 등을 맡기며 그녀가 자질을 키울 수 있도록 격려해주셨다. 선생님의 관심과 배려는 결국 81년 5월 KBS 아나운서 시험 합격의 결실로 돌아왔다.

이처럼 타인의 눈을 통해 몰랐던 재능을 발견하는 이들도 많다. 만약 당신이 자신에게 맞는 직업을 찾지 못했다면 이 방법을 활용해보라. 가족이나 친구, 선후배 등 다양한 사람을 만나 자신의 장단점을 물어보고 어울리는 직업을 추천해달라고 부탁하는 것이다. 무턱대고 이야기를 꺼내기 어렵다면 '꽃그림'을 한 장 들고 가라. 천직을 발견하는 데 매우 요긴하다. 꽃그림 활용방법은 미국의 경력카운슬링 대가 리처드 N. 볼스가 쓴 책 〈What Color Is Your Parachute?〉에 자세히 수록돼 있다.

✓ 꽃그림 활용 방법

1단계 : 전용성 소질(What) 찾기

❶ 타고난 자신의 재능이자 가장 즐겨 쓰는 소질인 '전용성 소질'을 찾는다. 이 소질은 분야나 직업에 상관없이 모두 적용 가능하다.

❷ 전용성 소질 리스트를 만든 후 중요한 순서대로 순위를 매긴다.

❸ 꽃술(가운데 동그라미)에 전용성 소질을 순서대로 적는다.

전용성 소질의 예

가르치기, 계획하기, 관리하기, 글쓰기, 꾸미기, 돌보기, 말하기, 발표하기, 분석하기, 상담하기, 상상하기, 설득하기, 스케치하기, 안내하기, 예측하기, 요약하기, 적응하기, 창작하기, 통역하기, 통합하기 등

전용성 소질을 찾는 7가지 질문

① 나는 무엇을 가장 잘하나?

② 타인은 내게 무엇을 잘한다고 칭찬하나?

③ 무엇이 나를 신나게 하는가?

④ 평소 무엇(사람, 물건, 정보 등)과 관계된 소질을 즐겨 사용하는가?

⑤ 타고난 감각(시각, 청각, 후각 등)적 재능은 무엇인가?

⑥ 일을 하면서 문제점을 해결했던 적은 언제인가?

⑦ 어떤 직업에 관심이 있는가?

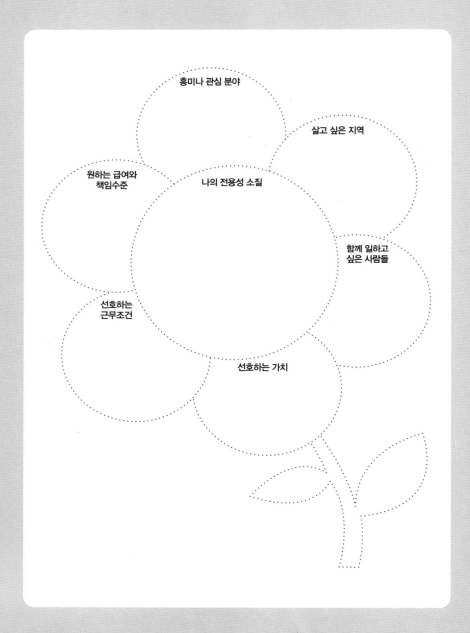

흥미나 관심 분야

살고 싶은 지역

원하는 급여와
책임수준

나의 전용성 소질

함께 일하고
싶은 사람들

선호하는
근무조건

선호하는 가치

2단계 : 전용성 소질을 발휘할 수 있는 환경(Where) 찾기

❶ 전용성 소질을 어디에 사용하고 싶은지 생각한다.

❷ 흥미나 관심, 살고 싶은 지역, 함께 일하고 싶은 사람들, 선호하
는 가치, 원하는 근무조건, 원하는 급여와 책임수준 등 여섯 가
지 면에서 생각을 정리한다.

❸ 각각의 내용을 여섯 개의 꽃잎에 자세히 기입한다.

흥미나 관심분야를 찾는 7가지 질문

① 무엇에 관해서 말하기를 좋아하는가?
② 어떤 종류의 잡지에 관심이 가는가?
③ 어떤 주제의 신문기사를 집중적으로 읽는가?
④ 서점에 가면 주로 어떤 코너에 발길이 머무는가?
⑤ 자주 방문하는 웹 사이트는 어디인가?
⑥ 만일 책을 쓴다면 어떤 주제를 다루고 싶은가?
⑦ 시간 가는 줄 모르고 정신이 팔리는 일은 무엇인가?

3단계 : 조언 구하기

❶ 꽃그림을 들고 지인(가족, 친구, 교수님, 컨설턴트 등)을 만난다.

❷ 꽃그림 내용과 어울릴 만한 직업을 추천받는다.

❸ 그 이유를 물어본다.

3. 천직은 평생 동안 찾는 것이다

꽃그림을 그려서 타인에게 조언을 구해보았지만 그 내용이 신통치 않다면 어떻게 해야 할까? 지금부터라도 다양한 경험을 통해 삶의 의미를 찾다 보면 자연스럽게 천직을 발견할 수 있다.

자기계발 에세이로 국내외 젊은 여성 독자를 사로잡은 남인숙 작가는 자신의 20대를 '삽질의 연속'이었다고 표현한다. 가정 형편이 넉넉하지 않았던 대학시절, 제과회사와 백화점 모니터 요원, 과외, 이삿짐센터 포장요원, 학원 강사 등 갖은 아르바이트를 했다. 그런데 이렇게 다양한 일을 하다 보니 자신이 무슨 일을 싫어하는지 터득했고, 그렇게 하나둘씩 가지를 쳐 나가면서 천직을 발견했다. 20대의 '삽질'이 지금의 그녀를 만든 것이다.

방황의 시간을 좀 더 단축시키고 싶다면 '열정대학(club.cyworld. com/passioncollege)'의 문을 두드려보라. 열정대학은 20대라면 누구나 등록해 활동할 수 있다. 교육과정은 독서와 글쓰기, 무전여행, 패러글라이딩, 독립영화 제작 등 다양하다. 3개월 단위로 한 학년씩 올라가며 1년 동안 20과목을 이수하면 졸업한다. 대기업 임원, 이종 종합격투기 대회 해설가, 패션디자이너 등 사회 각계각층 인사가 '열정교수단'으로 활약한다. 등록금이 비싸지 않겠냐고? 한 달에 2만 원!

"대한민국의 모든 20대가 자신의 천직을 찾아 행복해졌으면 좋겠습니다."

'열정대학'을 만든 유덕수 씨의 목소리다.

또 다른 답은 내가 만났던 철강회사 인사팀 부장의 이야기에 담겨 있다. 그는 '꿈 찾기'가 힘들다고 토로하는 학생을 만날 때마다 다음과 같은 조언을 건넨다.

"자신에게 꼭 맞는 일을 찾은 사람은 얼마나 될까요? 10%나 될까요? 우리 사회는 90%의 평범한 사람이 협력해서 움직이는 것입니다. 꿈은 평생에 걸쳐 찾는 것입니다. 조금이라도 관심 있는 일에 뛰어 들어 현장 감각을 쌓아 보세요. 저 역시 제가 하는 일이 천직이라고 감히 말하기 어렵습니다. 하지만 다른 일보다 좀 더 호감이 있었기에 직업으로 삼았고 성과를 내기 위해 노력하다 보니 능력을 인정받고 있습니다. 어떤 일이든 자신의 위치에서 최선을 다한다면 그의 삶은 가치가 있을 거라고 생각합니다."

너무 하고 싶은 게 많다면 이런 가정을 해 보자. 1년밖에 살 수 없다고 생각해 보라. 그리고 무엇을 버리고 무엇을 지키고 싶은지 생각해 보라. 실제로 건강이 나빠진 사람들은 직업이나 성격이 달라지는 경험을 한다. 4년 동안 마케팅 업무를 하면서 마케팅 에이스란 별칭을 얻었던 혜미 씨는 3번이나 과로로 쓰러져서 병원 신세를 진 후 직업을 바꿨다. 나도 마찬가지였다. 건강으로 몸져누운 후 취업컨설턴트로 방향을 틀었다. 이왕이면 좀 더 보람 있는 일을 하고 싶다는 생각이 들었다.

빅마마의 리더 신연아는 〈하루만〉이라는 책에서 이렇게 고백한다.

"감히, 영원히 음악을 하겠다고는 말할 수 없다. 하지만 적어도 오늘 하루는 음악을 버리지 못할 것 같다. 이러다 어느 날 갑자기 떠나버릴 수 있는 게 사람의 '마음'이겠지만, 크게 다를 것 없는 하루, 어제도 아니고 내일도 아닌 그냥 오늘 하루만 살기로 했다. 오늘 듣고 싶은 음악, 오늘 느끼는 사랑, 오늘 하는 생각을 모아 이곳에 늘어놓는다. 한 번뿐인 오늘, 무엇을 할까? 오늘 하루만 가득 채우련다. 먼 미래나 큰 욕심, 위대한 업적보다는 지금 내 앞에 놓인 이 시간에 듣고 싶은 노래를 듣고, 하고 싶은 음악을 하련다."

2장

디테일에서 승리하라

: 자기소개서에서 면접까지 :

1cm만 땅에
가까워지자

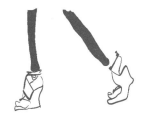

승무원을 간절히 꿈꾸는 그녀가 있었다. 잠을 자도, 밥을 먹을 때도 승무원이 된 자신만 생각난단다. 그녀에게 물었다.

"누구처럼 되고 싶어요?"

"드라마에 나오는 승무원처럼 되고 싶어요. 비행기 안에서 안내해 주는 언니들이나 공항에서 그거 끌고 다니는 언니들처럼요."

"음, 보다 구체적인 롤모델을 물어본 거예요. 승무원 중에 닮고 싶은 분 있어요?"

그녀는 동그래진 눈으로 나를 바라보며 물었다.

"없어요. 근데 취업하는데 그런 게 꼭 있어야 하나요?"

그녀는 진정으로 승무원을 원하는 것일까? 아니다. 그녀가 갖고 있는 것은 승무원에 대한 환상이다.

나 역시 20대 초반 직업에 대한 환상에 빠져 있을 때가 있었다. 멋진 뮤지컬을 한 편 보고 온 날 뮤지컬배우앓이에 빠졌고, 멋진 가수의 콘서트를 다녀온 날엔 가수가 되고 싶었다. 그런데 그건 그냥 장동건이나 원빈이나 현빈이 내 옆을 지나갈 때 '와, 저 사람과 커피 한 잔 마시고 싶다'처럼 그냥 단순한 바람일 뿐이다.

많은 이들이 세계여행 노래를 부른다. 하지만 어느 나라, 어떤 도시, 어떤 섬으로 떠나고 싶으냐고 물어보면 쉽게 대답하지 못한다. 막연히 '승무원 되고 싶어' 하는 말은 아무데나 세계여행 가고 싶은 거나 '로또 당첨되면 좋겠는데……'처럼 별 의미 없다.

취업을 희망한다면 막연함은 안 된다. 정말 간절하다면 그 직업을 위해 방방곡곡 수소문하며 알아보아야 한다.

오늘도 많은 취업준비생이 '이런 기업에 들어가고 싶다'며 긴 리스트를 작성한다. 인지도가 높은 회사, 넉넉한 월급, 고용안정성도 갖춰져 있고, 회식은 참석자의 자유인 회사. 업무는 여유롭고 상사는 매너 있고, 물론 칼 퇴근은 기본인 그런 회사!

자, 이제 하늘에서 땅으로 내려올 시간이다. 지금 당신에게 필요한 것은 현실 감각이다. 성공적인 취업을 원한다면 현실에 눈을 떠야 한다. 입사하면 자신이 꿈꾸던 회사생활과 정반대의 세상 속에 놓이게 된다. 낭만적인 회사도 없고, 낭만적인 일도 없다. 오직 전쟁터 같은 회사와 생존을 다투는 일이 있을 뿐이다. 한 일간지 기자는 학생들과의 멘토링 프로그램에서 "직장생활은 고생이 9할이고 보람이 1할"이라고 말했다.

많은 신입사원들이 취업하자마자 회사를 그만둔다. 그들은 하나 같이 이렇게 말한다.

"이런 줄 몰랐어요."

환상과 현실의 괴리감을 온몸으로 체험했기 때문이다. 오아시스만 보고 직장을 선택한 이들은 사막 비슷한 것만 나타나도 기겁을 하고 도망친다.

백화점에 입사한 선미 씨는 1년 만에 퇴사했다. 공휴일이나 주말이면 백화점을 제 집 드나들 듯 했던 그녀였는데 놀이터가 일터로 바뀌니 적응이 어려웠다. 백화점은 더 이상 화려하고 우아한 공간이 아니었다. 남들 놀 때 일하는 것은 기본이고, 하루 종일 서서 친절한 태도로 고객을 응대해야 했다. 평소 서비스 마인드가 투철하다고 생각했는데, 그것은 착각이었다. 그녀는 두 손 두 발 다 들고 사표를 던졌다.

졸업 후 항공예약발권 업무를 담당했던 소연 씨도 6개월을 채우지 못하고 다니던 직장을 그만뒀다. 막상 일을 해보고 '이건 아니다' 싶었단다.

"그냥 밖에서 보이는 멋진 모습들만 보고 목표로 삼은 제가 한심했어요. 서비스 마인드가 절대적으로 필요한 일이었는데 제 성향과는 맞지 않더라고요."

현실과 드라마는 TV라는 매개체 때문에 손을 뻗으면 닿을 듯이 보이지만 사실은 일반인과 연예인만큼이나 너무 먼 관계이다. 드라마 속 이미지만 보고 직업을 꿈꾸기 때문에 실망에 빠진다. 바로 이 차이를 줄이는 것이 취업 전에 우리가 할 일이다.

직업에 대한 환상은 또 다른 문제점을 낳는다. 멋있어 보이지 않는 직업에는 관심을 두지 않는다는 점이다. 어떤 일을 하는지 알아보지도 않고 그냥 싫다며 고개를 젓는다. 보통 여학생들은 사무직 중에서도 마케팅, 홍보, 인사, 기획 등의 직무를 선호한다. 회계는 '숫자'에 대한 두려움을 안고 있는 여학생들 사이에서 가까이 하기에는 너무 먼 당신이다. 총무는 '잡일'이 많다는 선입견 때문에 기피하고 생산은 '기름칠'에 대한 거부감이 있다. 영업은 두말할 것도 없다. 그래서 안 그래도 좁은 취업문에 선호하는 분야를 축소시켜 자발적으로 취업문을 더욱 좁히고 있다.

직업 체험의 두 가지 효과

●

알면 보인다고, 그런 면에서 직업 체험은 여자의 취업률을 높일 수 있는 유용한 방법이다. 특히 직업 체험은 첫째, 직업에 대한 지식을 높이는 데 도움이 된다. 인턴을 하거나 홍보대사를 하거나 아르바이트를 하는 등 다양한 경험을 통해 폭넓은 직업 세계를 만나는 것이다.

산업디자이너로 근무하는 미영 씨는 안정적인 회사생활을 하는 비결로 실무경험을 꼽았다.

"실무경험을 통해 회사생활에 대한 환상을 줄인 것이 도움이 되고 있어요. 학생 때는 나 위주로만 생각했지만, 회사에서 인턴을 하면서 부서의 막내로 일하다보니 함께 일하는 공간이라는 생각이 들었습니다. 저를 버리는 연습이 필요하더라고요. 입사 전 각오를 단단히 했어요."

경미 씨는 영국 런던에서 6개월 동안 인턴을 했다. 그녀는 철강무역 업무를 하면서 자연스럽게 무역, 마케팅 직무와 포스코 회사에 대해 알게 됐다. 이처럼 한 가지를 알면 다른 것도 자연스럽게 알게 된다.

나아가 둘째, 직업 체험은 업무 궁합을 체크할 수 있는 좋은 방편이다.

직업 체험을 통해 직무의 장점은 물론 단점을 꼼꼼히 따져 보는 게 중요하다. 단점을 충분히 받아들일 수 있을 때 그 직업과 궁합이 높다고 할 수 있다.

미정 씨는 광고 회사에서 인턴을 하면서 광고 일이 자신과 맞지 않다는 것을 깨달았다. 자주 밤을 새며 일하는 선배들의 모습을 보니 자신은 높은 업무 강도를 견딜 만큼 광고를 좋아하지 않는다는 것을 알았다.

바리스타를 꿈꾼 진희 씨는 카페에서 아르바이트를 했다. 바리스타는 커피만 만드는 것이 아니었다. 화장실 청소도 하고 설거지도 했다. 야간에 일을 할 때는 술 취한 손님도 만났다. 하지만 그 정도의 단점은 커피와 요리를 배우는 기쁨에 비하면 아무것도 아니었다. 그녀는 아르바이트를 통해 꿈에 한발 더 다가갔다.

몇 년 전 배우 정우성의 얼굴에 새빨간 립스틱으로 키스를 해 화제를 모은 스타일리스트 윤슬기는 스타일리스트라는 직업에 관심을 가지는 학생들에게 이렇게 조언을 했다.

"한번 해볼까? 이런 호기심으로 시작하려면 거기서 멈췄으면 좋겠어요. 환상을 깨고 체력과 성실함이 바탕이 된다면 좋아요. 패션잡지를 많이 읽고 백화점이나 매장에서 시장조사를 하며 사람들이 입고 다니는 옷을 유심히 보세요. 브랜드에 대한 관심과 지식도 많이 필요하죠."

하지만 2만 개가 넘는 직업을 모두 체험하는 것은 물리적으로나 시간적으로 쉽지 않은 일이다. 이에 대한 대안이 바로 간접체험이다. 해당 분야 전문 커뮤니티를 방문하거나 직업 인터뷰, 자서전, 자기계발서 등을 통해 정보를 구하는 것이다.

전문 커뮤니티

분야	커뮤니티	URL
HR	인사쟁이가 보는 실무카페	cafe.naver.com/ak573
회계 경리	회계 경리인들의 모임	cafe.naver.com/dz4u
승무원	전직현직차기 승무원 모임	cafe.naver.com/sheiszzz
기간제 교사	전국 기간제 교사 모임	cafe.daum.net/giganjedamoim
학원 강사	학원 강사 모여라	cafe.daum.net/educationpark
대학 교직원	대학 교직원 모임	cafe.daum.net/krac
유아교육	유아교육 대표 카페	cafe.daum.net/nanangel
번역	번역 사랑	cafe.daum.net/translation
비서	미소가 아름다운 비서들이 만드는 세상	cafe.daum.net/cera0704
기획, 마케팅	기획과 마케팅을 하는 사람들	cafe.naver.com/newplanmarketing
제약	제약회사 직원들의 모임	cafe.daum.net/voomvoom
간호사	널스 다이어리	cafe.naver.com/10000mp3
법무사 사무원	법무사 사무실 사무원들의 모임	cafe.daum.net/lawtizen
게임 기획	온라인 게임 기획자 모임	cafe.naver.com/gamedg

현업 종사자들을 직접 만나면 보다 알짜 정보를 얻을 수 있다. 선배는 후배를 위해 100만 불짜리 현장 정보를 아낌없이 내놓는다. 인맥이 없다고 걱정 말라. 각종 강연회와 멘토링 프로그램이 얼마나 많은가.

삼성은 2011년부터 직업 멘토링 프로그램을 마련해 삼성 전 계열사

관련 책

분야	도서명	저자
영업	누구에게나 최고의 하루가 있다	세계 최고의 세일즈맨 조 지라드
	성공하고 싶은가? 영업에서 시작하라	전 웅진코웨이 두진문 사장
승무원	여자로 태어나 대기업에서 별 따기	전 대한항공 이택금 상무
비서	성공하는 CEO 뒤엔 명품비서가 있다	현 대성 회장 수석 비서 전성희 이사
마케팅	너의 열정에 커리어를 더하라	한국P&G 김주연 마케팅 상무
	지금 당장 마케팅 공부하라	밸류바인 구자룡 대표
쇼핑호스트	올 어바웃 쇼핑호스트	GS SHOP 쇼핑호스트 오혜선 외
광고	광고천재 이제석	이제석 광고연구소 대표
출판편집	편집자로 산다는 것	휴머니스트 출판그룹 김학원 대표이사 외
애니메이션 기획	집요한 상상	아이코닉스 최종일 대표
애널리스트	애널리스트, 세상에서 제일 좋은 직업	동부증권 용대인 리서치센터장
외환딜러	나는 나를 베팅한다	한국 최초의 여성 외환딜러 김상경

임직원과 대학생 멘티들이 교류할 수 있는 기회를 제공한다. 2012년 진행된 직업 멘토링 시즌 2에는 삼성 계열사 임직원 5천 8백여 명이 멘토로 참여해 3만여 명의 대학생 멘티와 만났다. 자세한 내용은 홈페이지(mentoring.youngsamsung.com)에 담겨 있다.

KT&G는 대학생에게 도움이 될 만한 각종 프로그램을 운영 중이다. KT&G 상상유니브(www.sangsanguniv.com) 커뮤니티를 방문하면 문화예술, 마케팅, 디자인, 취업 등 전국적으로 열리는 다양한 프로그램 정보를 손쉽게 확인할 수 있다. 수강료는 무료이거나 프로그램당 3만 원 내외로 저렴하다.

정부나 협회, 기업 등에서 마련한 교육도 직업 정보를 얻는 데 유용하다. 아래 교육은 모두 무료로 참여할 수 있는데, 관련 프로그램은 주최 측 사정에 따라 변동이 있을 수 있으니 관심 있는 교육은 미리 일정을 확인해보자.

직업 정보를 얻을 수 있는 무료 프로그램

주최 사	교육명	URL
한국환경공단	온실가스 전문인력 양성과정	www.keco.or.kr
KB금융그룹	KB굿잡 취업아카데미	www.kbfg.com
한국생산성본부	마케팅/HRD/생산경영 아카데미	www.kpc.or.kr
안랩	IT 교육 프로그램 'V스쿨'	cafe.naver.com/vgeneration
한국플랜트건설연구원	플랜트 산업설비 인재양성교육	www.cip.or.kr
한국플랜트산업협회	플랜트 전문인력 양성교육	www.kopia.or.kr
해외건설협회	해외건설 · 플랜트 취업과정 교육	kor.icak.or.kr

20대 여자 후배에게 전하는 '30대 언니'의 1줄 조언

이 글을 쓰면서 지인에게 문자를 보냈다.
'취업을 원하는 20대 여성에게 1줄 조언을 해주세요.'
다음은 그 질문에 대한 답이다.
답변을 보낸 '30대 언니'들의 직업은 취업컨설턴트, 인사담당자, 마케터, 홍보담당자, 비서 등 다양하다.

"직업의 밝은 면만 보지 말고 어두운 면도 찾아보세요."

"직업의 장점과 함께 단점을 알아보는 게 중요해요. 그래야 잘 적응할 수 있어요."

"가늘고 길게 가기보다는, 굵고 길게 가는 건 어떨까요?"

"뭘 할까보다 뭘 받을까를 고민하더라고요. 뭘 할까도 같이 생각해야겠죠."

"학교 행사나 취업프로그램에 참여를 덜 해요. 등록금 낸 만큼 누리세요."

"머리로만 생각하는 게 많아요. 스스로 찾아 나서야 해요."

"먼저 부딪히거나 발로 뛰는 게 약해요. 앉아 있는 게 습관화됐어요."

"20대 때 힘든 걸 하면 다 자양분이 돼요. 할 만해요."

"안정적인 것만 추구하지 말고 자신만의 색깔을 찾아서……."

"인맥을 잘 활용하세요. 좀 더 적극적으로 선배들을 괴롭히세요."

"선배들을 꼭 찾아 가세요. 친하지 않더라도 정말 반가워한답니다."

"직무에 대한 정보가 부족하죠? 저도 그랬어요. 채용설명회 꼭 가보세요."

"저학년이라면 인턴 강추! 해요. 고학년이라면 채용설명회라도 꼭 참석하세요."

자기소개서 ❶

평범녀가
훈녀 자기소개서 쓰려면

- 테마 정하기와 줌인(Zoom-In) 기법 -

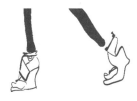

자, 이제 본격적으로 디테일의 세계로 들어가 보자.

| **예시 1** | 저는 평범한 집안에서 태어나 가족의 사랑을 받으며 평범한 유년 시절을 보냈습니다. 부모님은 제가 어떤 일을 하든 항상 믿고 격려해 주셨습니다. 그런 부모님 덕분에 큰 문제없이 밝고 건강한 사람으로 자랐습니다. 특히 나이 어린 두 명의 동생들을 돌보면서 책임감도 강해졌습니다.

| **예시 2** | 부모님은 어려서부터 맞벌이를 하셨습니다. 그런 부모님을 돕기 위해 초등학교 시절 하교 후 제가 할 수 있는 일이 무엇인지 고민하곤 했습니다. 이런 것을 생활 속에서 실천하다 보니 어떠한 조직에 속하든 자연스레 도움이 될 만한 일들을 찾아내어 행동으로 옮기고 있습니다.

위 2가지 예시를 보고 자신의 얘기인 줄 알고 화들짝 놀란 사람도 있을지 모른다. 많은 여자 구직자들의 〈성장과정〉은 대체로 비슷하다. 그녀들은 어린 시절 모범생이었고 가정은 화목했으며 아낌없이 사랑받고 컸다. 형제관계도 빠짐없이 등장한다. 장녀는 책임감이 강하고, 둘째는 적응력이 뛰어나고, 막내는 애교가 많다고 쓴다. 여기에 한 가지 더. 부모님이 맞벌이를 하신 경우에는 생활력을, 할머니 할아버지 손에서 큰 경우에는 예의범절을 강조한다. 하지만 이런 내용은 인사담당자의 시선을 붙들기 어렵다. 어느 은행 인사팀장은 이렇게 꼬집는다.

"자기소개서에 성장과정을 적을 때 가능한 한 가정사는 쓰지 마세요. 예컨대 1남2녀 중 둘째로 태어나 자상한 어머니와 엄한 아버지 밑에서 가족애가 뭔지를 배웠고 장녀로서 어머니가 안 계실 때는 동생들 밥 차려주고 어쩌고저쩌고 하는 내용을 쓰는 지원자들이 있는데 심사위원들은 가족사에 대해선 전혀 관심이 없습니다. 언니가 있으면 어떻고 동생이 있으면 어떻습니까. 선보는 자리가 아니잖아요."

〈학창시절〉 에피소드도 고만고만하다. 매우 성실하고 공부도 잘하고 즐겁게 학교생활을 보냈다고 적혀 있다. 지각이나 결석 한 번 하지 않고 개근상을 받았다는 이야기도 빠짐없이 나온다. 이런 내용 역시 진부해서 자기소개서 점수를 얻기 어렵다. 보수적인 공공기관을 지원할 게 아니라면 성실성보다 역동성을 강조하는 게 좋다. 어느 자동차 회사 인사담당자는 "자기소개서를 하나하나 정독할 수는 없기 때문에 눈에 확 들어오는 이야기를 꺼내야 한다"고 말했다. 백화점 인사담당자 또한 "누구나 경험했을 법한 경력과 대외활동은 어떠한 참신성도 느끼지 못한다. 일상적이고 평범한 이력을 수십 개 나열하는 것보다 자신이 대학생활을 하면서 혹은 인생을 살면서 가장 특이했고, 우리 기업에 어울릴 것 같은 경험 위주로 작성해 달라."고 강조했다.

그렇다면 어떻게 써야 할까? 다음과 같은 방법이 있다. 테마 정하기, 줌인(Zoom-In)법이 그것이다. 예시를 통해 자세하게 알아보자.

| 예시 3 | 1969년 흔하디흔한 뒷동산 아래서 태어났다. 어린 시절에는 약수터와 도서관이 있는 수원의 팔달산 자락밖에 몰랐다. 중앙대학교 문예창작학과에서 공부했다. 그러나 강의실 밖 생동하는 사회현실과 자연 속에서 더 많은 것을 배웠다고 생각한다. 그중에서도 산은 가장 높고 깊은 인생학교였다. 두 딸의 엄마가 된 뒤 비로소 암벽등반을 배우려고 코오롱 등산학교에 입학하면서 인수봉 너머 새로운 세상을 만났다. 그 인연으로 월간 〈MOUNTAIN〉 기자로 몇 년간 일했는데, 잡지의 '실현할

수 있는 산'이란 슬로건이 마음에 들었기 때문이다. 오랫동안 이 산 저 산 오르며 다양한 산사람들을 만나고 산에 대한 글을 읽고 쓰는 데 빠져 지냈다. 지금은 북한산과 인왕산이 내다보이는 책상과 부엌을 오가며 매일 밥을 짓고 글을 쓴다. 멀리 또 가까이 있는 산을 여전히 좋아하지만 정말로 바라는 일은, 내 안에 있는 도달해보지 못한 봉우리들을 탐험하는 일이다. 지금까지 〈아이들은 길 위에서 자란다〉〈산에 올라 세상을 읽다〉〈바람과 별의 집〉〈살림의 밥상〉〈사랑하는 아가에게〉와 어린이 책 〈좁쌀 한 알에도 우주가 담겨 있단다〉등을 펴냈다.

위 글은 김선미 작가가 자신을 소개한 내용으로, 온라인 서점 작가 파일에서 옮겨왔다. '산'이라는 하나의 〈테마〉에 맞춰 삶을 정리한 것이 이색적이다. 여러 가지 정보를 단순히 나열하면 가독성도 떨어지고 성의도 부족해 보인다. 당신도 김선미 작가처럼 자신만의 테마를 정해 인사담당자를 설득하라. 당신의 삶에 코오롱 등산학교 입학, 월간 〈MOUNTAIN〉 기자 활동 등 굵직한 경험이 없다고 해서 주눅들 필요는 없다. 누구든 한 가지 테마를 정해 삶을 꿰면 개성 있는 작품을 만들 수 있다. 당신의 삶을 믿어라. 무려 20년 이상이나 살아오지 않았는가. 아래 예시는 '메모'라는 테마에 맞춰 자기소개서를 쓴 사례다.

| 예시 4 – 테마 | 직장인이 업무 효율성과 정확성을 높일 수 있는 최선의 방법은 꼼꼼한 메모라고 생각합니다. 저는 늘 필기도구를 몸에 지니고 다닙니다. 학창 시절 수

업을 시작할 때면 진도가 어디까지 나갔는지 기억해내는 건 제 몫이었습니다. 메모는 제가 들인 시간보다 더 큰 가치로 돌아오곤 했습니다. 특히 패밀리 레스토랑에서 아르바이트를 할 때 고객과 상사로부터 좋은 평을 얻은 적이 있습니다. 고객의 기호를 메모해둔 수첩 덕분에 친절사원으로 선정되었고, 방학마다 동대문지점 점장님으로부터 함께 일하자는 제안을 받기도 했습니다. 메모 습관은 침구업체를 운영하시는 아버지로부터 물려받았습니다. 아버지는 수십 년간 거래처를 발로 뛰며 얻은 Know Where를 노트에 기록하셨습니다. 그 노트에는 1000여 개 거래처의 전화번호가 빼곡히 적혀 있습니다. 빛바랜 노트가 위기 상황마다 회사에 큰 도움을 주었다고 합니다. 저 역시 꼼꼼한 메모 습관을 활용해 업무에 기여하고 싶습니다.

테마는 밖에서 구하는 것이 아니라 당신 삶에서 구하는 것이다. 생활신조, 가치관, 직업관, 직무관심도, 가족소개, 취미, 특기 등 찾을 수 있는 곳은 많다. 테마를 정한 후에는 그에 맞는 에피소드를 골라 구슬 꿰듯 이어라.

하나 더! 글을 쓴 후에는 자신이 강조한 테마가 직장생활과 어떤 연관성이 있는지를 충분히 고민하라. 이 부분을 놓치면 단순히 자랑만 늘어놓은 꼴이 된다. 에피소드는 〈예시 4〉처럼 여러 개를 묶거나 아래 〈예시 5〉처럼 하나를 줌인해서 소개할 수 있다. 그 차이는 에피소드의 무게에 따라 정하면 된다.

| **예시 5 - 줌인** |　고객만족을 높이려면 제품의 질만큼 원활한 소통이 중요하다고 생각합니다. 저는 부모님의 대봉감 농사를 도우며 소통의 중요성을 깨달았습니다. 부모님은 20년 동안 대봉감 농장을 운영해 오셨는데, 제가 고2 때 태풍으로 인해 매출이 급격히 준 적이 있었습니다. 부모님을 돕기 위해 직접 직거래 홈페이지를 만들어 운영했습니다. 주 1회 농장에서 생긴 소소한 에피소드를 사진과 함께 올렸습니다. 특히 부모님께서 화학비료 대신 새순을 발효시킨 퇴비를 사용하는 모습을 동영상에 담아 올렸더니 매출이 3배 이상 뛰었습니다. 고객은 하나 같이 '믿을 만한 곳'이라고 칭찬했습니다. 저는 사실 이 결과가 당혹스러웠습니다. 부모님은 처음부터 친환경재배를 해오셨는데, 동영상 서비스를 실시하기 전에는 고객이 이 사실을 잘 알지 못했던 것입니다. 저는 이를 통해 새삼 소통의 중요성을 깨달았습니다. 상대방에게 신뢰를 얻기 위해서는 '언젠가는 내 마음을 알아주겠지' 하는 마음으로 가만히 손 놓고 있어서는 안 된다는 것을 말입니다. 입사 후에도 적극적인 방법으로 소통을 함으로써 '고객불만 제로', '고객만족 120% 실현'에 보탬이 되겠습니다.

위 〈예시 5〉는 '대봉감 동영상 서비스' 에피소드를 줌인해서 풀어쓴 것이다. 인생의 한 순간을 줌인(Zoom-In)하면 자신만의 이야깃거리를 찾을 수 있다. 많은 여자가 자신의 삶이 평범하다고 말하지만, 사실 누구의 삶도 100% 똑같을 수는 없다. 자신의 삶을 돌아보고 당신의 삶에 중요한 이정표가 되었던 순간을 줌인하라.

자, 이제 다시 한 번 정리해보자. 평범녀인 당신도 다음과 같은 과정을 거치면 훈녀 버전의 자기소개서를 쓸 수 있다.

❶ 지나온 삶을 돌아보라.

❷ 생활신조, 가치관, 직업관, 직무관심도 중에서 가장 특색 있는 것을 하나 골

　라 테마를 정하라.

❸ 테마에 맞는 에피소드를 2~3개 간추려라.

　＊ 이색적인 에피소드가 있다면 그것을 줌인하라.

❹ 테마와 에피소드를 회사생활과 연결해서 입사의지를 어필하라.

소소한 에피소드를 살리는 2가지 방법

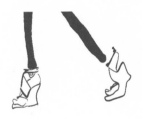

공채시즌, 대기업에 쏟아지는 지원 서류는 1만~3만 장에 이른다. 인사담당자는 대부분의 내용이 학회나 동아리 활동에 국한되어 있어서 참신한 내용을 찾기 힘들다며 답답함을 호소한다. 하지만 그렇다고 지금 당장 없던 경험을 만들 수는 없는 노릇이다. 문제는 소소한 에피소드를 어떻게 신선한 에피소드로 바꿀 것인가 하는 점이다. 포인트는 특별한 의미를 담아 상세하게 기술하는 것이다. 에피소드 자체보다는 그 에피소드를 해석하는 힘을 통해 '기본을 갖춘 지원자'라는 것을 보여줄 수 있다. 물론 에피소드를 해석할 때는 직무 역량 혹은 조직적응력과 연결시키는 것이 필수다. 에피소드에 힘을 싣는 방법을 소개한다.

첫째, 명확한 목표 제시하기

●

아래 2개의 일화가 있다.

① 런던 올림픽을 앞두고 세 끼 모두 요구르트, 과일, 수프로만 배를 채우고 고기라곤 가끔 먹는 닭 가슴살이 전부였다. 그 이유는 바로 런던 올림픽에서 우아한 연기를 선보이고 싶었기 때문이다. 올림픽은 목표이자 꿈이었으니 이 정도의 노력은 해야 한다고 생각했다. 외롭고 힘든 시간을 혼자 이겨 내다 보니 더 강해질 수 있었다.

_ 체조선수 손연재

② 대학교에 입학하고 나니 예쁜 옷들도 입고 싶고 높은 하이힐도 신고 싶었다. 한 번뿐인 대학생활을 이대로 보낼 수는 없다는 결심에 다이어트를 시작했고 식이요법과 운동을 병행해 10kg을 감량했다.

_ 평범녀

체조선수 손연재는 런던올림픽을 위해 다이어트를 했고, 평범녀는 예쁜 옷을 입기 위해 다이어트를 했다. 이처럼 똑같은 다이어트도 어떤 목표로 임했느냐에 따라 그 차이가 매우 크다. 당신의 생각에 명확한 목표의식을 넣어라. 아래 예시처럼 말이다.

| 예시 1 | 마케터에게 필요한 것은 고객의 마음을 읽을 수 있는 눈이라고 생각했습니다. 이러한 감각을 키우기 위해 고객만족도 조사마다 1등을 놓친 적이 없는 A증권 회사 콜센터에서 아르바이트를 시작했습니다. 콜센터는 고객과 만나는 최접점이기에 이곳에서 아르바이트를 하며 고객의 소리를 직접 들을 수 있었습니다. (후략)

둘째, 의미 부여하기

●

| 예시 2 | 겨울방학 동안 레스토랑에서 아르바이트를 했다. 크리스마스 시즌이라 손님이 평소보다 3배 이상 많았다. 영업이 끝나고 현금과 카드전표, 컴퓨터 기록을 확인하는데 1만 원이 맞지 않는 것을 알았다. 다음날 1만 원을 더 낸 손님이 찾아왔고 화를 냈다. 다시 결제를 하고 10% 할인 쿠폰을 드려서 손님의 화를 풀어드렸다.

만약 당신이 위와 같은 경험을 갖고 있는데, 은행 입사를 희망한다고 하자. 그렇다면 이 경험을 자기소개서에서 어떻게 살릴 수 있을

까? 바로 의미 부여를 하는 것이다. 아래 예시를 통해 의미 부여의 진 가를 살펴보자.

| 예시 3 - 의미 부여 | 은행 영업은 신용에 기초한 것입니다. 행원이 고객으로부터 신뢰를 얻으려면 꼼꼼한 업무 태도가 바탕이 되어야 합니다. 저는 작은 부주의가 큰 화를 불러오는 것을 경험한 적이 있습니다. 겨울방학 동안 레스토랑에서 아르바 이트를 했을 때 크리스마스 시즌이라 손님이 평소보다 3배 이상 많았습니다. 영업 이 끝나고 현금과 카드전표, 컴퓨터 기록을 확인하는데 1만 원이 맞지 않는 것을 알 았습니다. 다음날 1만 원을 더 지불하신 손님이 찾아오셨습니다. 매우 불쾌해하시며 화를 내셨습니다. 죄송하다고 거듭 사과를 한 후 다시 결제를 했습니다. 10% 할인 쿠폰을 드리며 다시 한 번 죄송하다는 말씀을 전했습니다. 저의 부주의로 인해 레스 토랑 이미지가 한 순간에 나빠졌다고 생각하니 고개를 들기 어려웠습니다. 더 이상 같은 실수를 하지 않기 위해 하루하루 긴장을 놓치지 않고 일했습니다. 그 결과 크 리스마스와 연말 연초처럼 바쁜 시기에도 정산에 착오가 생기지 않았습니다. 저는 이 경험을 통해 가장 기본적인 업무태도가 꼼꼼한 일처리임을 깨달았습니다. 설 이 튿날은 1년 은행 업무 중 현금거래가 가장 많은 날이라고 알고 있습니다. 늘 긴장을 유지함으로써 설 이튿날에도 모든 고객이 만족할 수 있도록 신속 정확하게 업무를 처리하겠습니다.

위 예시 중 밑줄 친 부분이 바로 의미를 부여한 대목이다. 의미를 부여하면 소소한 에피소드도 살아난다. 반대로 아무리 좋은 경험도 의미를 부여하지 않으면 그 가치를 잃는다. 에피소드가 대수롭지 않다고 걱정하지 말고, 그 시간에 희망직무와 기업문화를 분석하라. 직무와 기업을 많이 알수록 어떤 의미를 부여해야 할지 감을 잡을 수 있게 된다.

한 가지 더! 에피소드와 에피소드를 더해서 의미를 부여하면 더욱 임팩트가 생긴다는 사실. 한마디로 '1+1=3'의 전략이다. 예시를 통해 직접 살펴보라.

| 예시 4 | 초등학생 대상 교육봉사활동에서 작은 아이디어로 20만 원을 절약한 적이 있습니다. 누에고치 실뽑기 실험에 필요한 도구인 물레 도구를 사는 데 비용이 꽤 들었습니다. 저는 우드락과 나무스틱 등을 활용해 직접 만들자고 의견을 내놓았습니다. 번거롭다고 불만을 표한 팀원이 있어서 이 비용을 다음 회식 때 사용하자고 제안했습니다. 다행히 모두 동의를 해주었고, 만드는 데도 2시간밖에 걸리지 않아 다들 만족해했습니다.

| 예시 5 | 고아원에서 요리봉사활동을 했습니다. 평소 뷔페 음식을 접해볼 기회가 없는 아이들을 위해 뷔페식으로 음식을 제공하고 싶었습니다. 하지만 팀원들과 회의를 할수록 비용부담이 걱정이었습니다. 저는 마트 '타임세일'을 이용하자고 제안했습니다. 그 결과 음식재료를 대폭 할인해서 구매했고, 다양한 메뉴와 푸짐한 과일

로 뷔페 식단을 짤 수 있었습니다.

　이처럼 두 가지 에피소드를 갖고 있다고 하자. 위 예시는 자세하게 풀기에는 힘이 약하다. 배경이나 행동이 그리 이색적이지는 않기 때문이다. 이럴 때 〈예시 4〉와 〈예시 5〉를 더해 새롭게 의미를 부여하라. 아래 〈예시 6〉처럼 말이다.

| **예시 6** | 불경기일수록 매출 신장과 함께 비용을 절감하는 것이 기업 경쟁력의 중요 요소가 될 것이라고 생각합니다. 저는 팀 프로젝트를 할 때 불필요한 비용을 줄이려고 노력했습니다. 초등학생 대상 교육봉사활동을 할 때는 누에고치 실뽑기 실험에 쓰이는 물레 도구를 우드락과 나무스틱 등을 활용해 직접 제작함으로써 20만 원을 줄였습니다. 또한 고아원에서 요리봉사활동을 할 때는 영업 마감 시간에 임박해서 진행하는 '타임세일'을 이용함으로써 음식재료를 50% 이상 할인된 가격으로 구매했습니다. 조금만 신경 쓰면 이처럼 비용 대비 효과를 높일 수 있습니다. 입사 후에도 최대한 효율적인 방식으로 일함으로써 비용을 아끼는 데 신경 쓰겠습니다. 기업 비용을 5% 절감하는 것은 매출을 15% 올리는 것과 같기 때문입니다.

스토리 제대로 쓰는 3가지 방법

지난해 사하라 사막에 다녀왔다. 낯선 곳을 가야 새로운 생각을 할 수 있다고 생각했기 때문이다. 사막에서 쥐약은 모래언덕이다. 발이 푹푹 빠지기 때문에 바로바로 발을 옮기지 않으면 뒤로 미끄러진다. 죽을 힘을 다해야 언덕배기에 오를 수 있다. 낮에는 40도까지 올라가는 끝없는 모래사장에서 여러 차례 탈진위기를 맞았던 나는 '이렇게 하면 죽을 수도 있겠구나'를 체험했다. 처음에 10kg에 달했던 배낭의 짐도 버거워 걷는 도중 주변 사람들에게 대부분 대신 지어달라고 했다. 당시 사막에서 썼던 메모장에는 그때의 깨달음이 한 문장으로 정리돼 있다. '짊어지고 가면 짐이요, 나눠주고 베풀면 줌이다. 욕심의 짐을 줄이면 감사의 줌이 늘어난다. 짐을 늘리고 줌을 늘리는 것. 그것이 삶의 지혜니라.' 생각의 재료는 여러 가지일 수 있지만 그중에서도 가장 좋은 재료는 체험에서 나온 생각이다.

_ 주간조선 인터뷰 기사 중에서

지식생태학자 유영만 한양대 교수의 '사하라 사막' 스토리다. 직접 겪은 스토리는 어떤 명언이나 미사여구보다 다른 이의 마음에 와 닿는다. 기업은 지원자의 스토리를 통해 회사에서 요구하는 역량을 갖고 있는지 검증한다. 역량은 이력서만으로 판단하기 어렵다. 'A회사 아르바이트-고객상담 및 매장관리'라는 이력이 있다고 해서 그 지원자가 성실하게 일했는지, 창의적인 아이디어를 냈는지, 다른 사람과 잘 어울렸는지를 확인할 수 없기 때문이다. 자신의 역량을 어필하려면 자기소개서를 적극 활용해야 한다. 그동안 자기소개서에서 단골 질문이었던 〈성장과정〉, 〈성격의 장단점〉 등의 기본 문항이 성취 경험이나 실패 극복 사례 등을 묻는 에세이 유형으로 바뀌어가고 있는 것만 봐도 기업이 듣고 싶어 하는 것을 짐작할 수 있을 거다.

스토리가 빠진 자기소개서는 김빠진 맥주처럼 싱겁다. 예를 들어 '나는 카멜레온이다. 어떤 일이든 흡수할 수 있다'처럼 추상적인 단어만 들어 있다면, 지원자가 어떤 역량을 갖고 있는지 전혀 알 수가 없다. 자신의 경험 속에서 스토리를 찾아 전달해야 한다. 고객상담 아르바이트 경험이 있다면, '고객상담 아르바이트를 했습니다'에서 그치지 말고, 구체적인 이야기 거리를 떠올려보라. 전화나 인터넷을 통해 소비자상담을 접수하면서 고객에게 인정받은 경험, 고객 VOC를 관리하면서 깨달은 경험 같은 거 말이다. 자신만의 스토리가 차별화된 역량을 보여준다.

"가능성을 보여줄 수 있는 진솔한 경험담을 담아라. 설사 특별한 경험이 없더라도 그 안에서 어떻게 이야기를 끄집어내는가 하는 것도 능력이다. 밤새워 고민하길 권한다. 어떤 내용을 자기소개서에 담을지, 형식은 어떻게 쓸지를 고민하란 뜻이다. 부족한 스펙을 엎을 수 있는 게 바로 자기소개서이다." (증권회사 인사담당자)

"서류전형을 통과하려면 자기소개서가 중요한데 정말 자기를 소개해 줬으면 한다. 가상의 사람이 아닌 내가 어떤 사람인지 감성을 터치했으면 한다." (건축자재업체 인사과장)

1. 스토리를 찾는 첫 번째 방법

●

첫 번째 방법은 차분히 자신의 인생을 돌아보는 것이다. 다음의 3가지 방법을 활용하면 보다 쉽게 스토리를 찾을 수 있다.

● 인생 곡선 그리기

인생 곡선 그리기, 마인드맵 그리기, 나의 10대 뉴스 찾기 등 자신의 과거를 돌아보는 방법에는 여러 가지가 있다. 이들은 창의성 · 팀워크 등을 발휘했던 경험, 성공 실패 경험 등 자신만의 스토리를 발견하는 데 유용하다. 이 중 인생 곡선 그리기를 설명한다.

설명 : 태어나서부터 지금까지 자신의 인생에 있어서 즐거웠던 일, 슬픈 일 등 기억에 남는 일을 선으로 표현한다. 그리는 순서는 다음과 같다.

① A4용지를 가로로 놓고 가운데에 일직선을 그린 후 나이를 구분한다.

② −10 ~ +10을 기준으로 놓고 과거의 삶을 돌아보며 성취와 역경의 순간을 떠올린다.

③ 의미 있는 경험의 순간을 점으로 찍어 표시하고 간단하게 메모를 적는다.

④ 점을 하나로 연결한다.

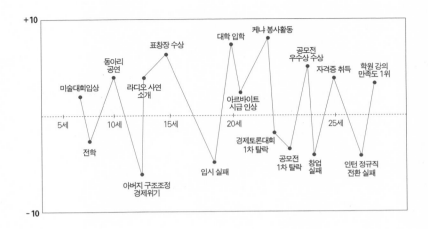

● 숨은 기억 찾기

앨범과 일기장, SNS 등을 살펴보는 방법이다. 선생님과 교수님께 편지를 써 보는 것도 좋다. 과거의 기억이 새록새록 떠오를 것이다. 단 특별한 사건인 경우를 제외하고는 너무 오래된 사건은 패스! 인사 담당자는 초등학교 시절보다 최근 스토리에 관심이 많다.

● 타인의 삶 들여다보기

다른 사람의 이야기에서 자신의 스토리를 꺼낼 수도 있다. 자서전, 자기계발서, 인터뷰 기사를 읽거나 가슴 찡한 영화를 봐라. 그와 유사한 자신의 스토리가 자연스럽게 떠오를 수 있다. 영화 〈건축학개론〉을 보다가 불현듯 자신의 첫사랑이 생각나는 것처럼 말이다.

2. 스토리를 찾는 두 번째 방법

●

첫 번째 방법이 자기와의 대화였다면, 두 번째 방법은 타인과의 대화다. 이야기를 주고받다 보면 기억 속에서 값진 스토리를 낚을 수 있다.

사교성을 강조하는 여학생을 만났을 때의 일이다. 그녀의 자기소개서에는 '학창시절 선생님과 친할 만큼 사교적이다'라는 내용이 적혀 있었다. 사교성을 강조하기에는 근거가 부족해 보물찾기에 나섰다.

"선생님과 친하다고요? 얼마나요? 그것을 보여줄 만한 예시는 없을까요?"

"학창시절 내내 선생님과 친하게 지냈어요. 고등학교 때 담임선생님은 저희 시골집에 친구들과 오신 적도 있고요."

"선생님이 시골집에 오셨다고요? 왜요?"

"저희 부모님이 옥수수 농사를 지으시는데, 그때가 수확시기였거든요."

"이런 멋진 내용을 왜 자기소개서에 적지 않았어요?"

"그러게요. 지금 생각이 났어요. 하하."

짧은 대화를 통해 그녀는 자기소개서를 다음과 같이 고쳐 썼다. 자기소개서가 ①에서 ②로 바뀌는 데는 5분도 채 걸리지 않았다.

① 학창시절 선생님과 친할 만큼 사교적입니다.

② 사교적인 성격으로 친구들은 물론 선생님과도 좋은 추억을 많이 쌓았습니다. 고등학교 2학년 때 저는 서울에서 자취를 하고 있었습니다. 부모님께서는 충북 제천에서 옥수수 농사를 짓고 계셨는데, 담임선생님과 친구들이 수확을 돕기 위해 제천에 다녀간 적도 있었습니다.

다음은 과학영재 출신의 어느 여학생의 이야기다. 그녀는 자기소개서에 관련 경험을 이렇게 2줄 썼다.

중학교 때 과학영재로 선발돼 한 대학 기숙사에서 생활하며 많은 수업을 들었습니다. 그때 쌓은 과학적인 사고는 회사에 도움이 될 것입니다.

과학영재? 뭔가 당기지 않는가? 나는 그녀에게 한 가지 질문을 했다.

"과학수업은 어떻게 진행됐어요? 수업을 들으면서 깨달은 것은 없나요?"

"대학교 교수님들이 수업을 하셨거든요. 모두 일곱 분이셨는데, 자신의 학문 분야에 엄청난 자부심을 갖고 계셨어요. 교수님들이 정말 자랑스러웠어요. 자신의 분야에 열정을 갖고 공부하시는 분들 덕분에 우리나라 과학이 발전하는 거니까요."

"교수님들을 보면서 무슨 생각을 했어요? 직장생활의 자세라든가, 삶의 태도에 응용할 만한 거요."

"그렇게 거창한 건 아니지만, 교수님들을 보면서 저도 그렇게 자부심을 갖고 일하고 싶다는 생각을 했어요."

어떤가? 고개가 절로 끄덕여지지 않는가? 짧은 대화를 통해 그녀의 자기소개서는 이렇게 바뀌었다.

직업에 대한 자부심이야말로 직장인이 업무성과를 내는 가장 큰 비결이라고 생각합니다. 중학교 때 과학영재로 선발돼 한 대학교 기숙사에서 생활한 적이 있습니다. 실험실습·통섭교육 등 특별활동을 하며 과학적 사고를 키웠습니다. 특히 일곱 분의 교수님으로부터 가르침을 받은 것이 제 삶에 큰 영향을 미쳤습니다. 사명감을 갖고 헌신적으로 연구하시는 모습에서 우리나라 과학발전의 원동력을 찾을 수 있었습니다. 그때 저는 다짐했습니다. 사회인이 되면 자부심과 사명감을 갖고 열심히 일해야겠다고 말입니다. 중학교 때부터 마음에 새긴 직업관을 바탕으로 회사 발전에 기여하겠습니다.

3. 매력적인 스토리를 만드는 방법

●

한 대기업은 자기소개서를 S/A/B 3개의 등급으로 나누어 평가한다.
B는 스펙이 훌륭해도 무조건 서류탈락이다. 자기소개서 분량을 절반
도 못 채웠거나 경쟁사에 지원한 자기소개서를 그대로 복사해서 넣는
경우가 B에 속한다. 반대로 S는 스펙이 뛰어나지 않아도 서류전형을
통과할 수 있다. 그렇다면 어떤 이들이 S등급을 받을까? 인사담당자
들은 만나서 이야기를 나누고 싶을 만큼 매력적인 스토리를 가진 지
원자라고 입을 모은다. 여기서는 스토리를 매력적으로 꾸밀 수 있는
방법을 알아보자.

● 대안을 넣어라

A 은행에 입사한 한나 씨는 성폭력 상담소에서 상담원으로 봉사활
동을 했던 경험이 있다. 그녀는 자기소개서에 이 내용을 최대한 자세
히 기술했고, 다음과 같이 포부를 밝혔다.

"피해자들과 마음을 나누었던 상담경험을 바탕으로 A 은행의 CS혁
신을 가져오겠습니다."

그녀는 면접 때 상담원 봉사활동경험과 CS혁신 방법에 대한 질문을
가장 많이 받았다고 한다. 대부분의 인사담당자는 남자다. 그들은 현
상보다는 대안에 관심이 많다. 스토리를 전하는 데만 급급하지 말고,

입사 후 활용방안까지 고민하라. 포부를 더한 스토리는 면접까지 커버한다.

● 구체적인 이미지로 전달하라

"시속 60마일로 달리는 신형 롤스로이스 안에서 제일 큰 소음은 시계 소리다."

이 카피는 역사상 가장 유명한 자동차 광고 문구 중 하나로 현대 광고의 아버지라 불리는 데이비드 오길비 작품이다. 그는 창의성보다 명쾌함을 중시했다. 에둘러 말하지 않고 소비자와 광고주 모두가 명확히 떠올릴 수 있는 구체적인 이미지를 전달하는 것이 그의 광고 전략이었다. 스토리를 전개할 때도 명쾌함은 필수다. '아침부터 잠들기 전까지 틈틈이 할 수 있는 다양한 방법'이란 표현보다 '사무실에서 틈틈이 할 수 있는 군살 빼기 스트레칭, 술배를 쏙 집어넣는 운동'처럼 구체적인 표현을 써야 전달력이 높아진다.

● 숫자와 사랑에 빠져라

여자는 추상적이고 감성적인 언어에 익숙하다. 하지만 비즈니스 현장은 숫자 세계다. 숫자 하나에 울고 웃는다. 당신이 숫자로 중무장했을 때 더 프로다워 보인다. 카를로스 곤 닛산자동차 사장이 2002년 내놓은 신경영계획은 '닛산 180'이었다. 왜 하필 180이었을까? 이 숫자에는 '100만대, 8%, 제로'라는 뜻이 담겨 있다.

자동차 판매대수를 100만 대 더 늘리고(1)
....
매출영업이익률을 8%로 끌어올리며(8)
....
부채를 제로로 만든다(0)
....

   정확하고 구체적인 숫자를 제시하려면 한 번 더 고민해야 한다. 이 때문에 숫자는 논리이자 정성이다. 당신의 스토리도 이렇게 숫자로 중무장하라. 뭉뚱그린 표현은 당장 숫자로 바꿔라. 인사담당자에게 신뢰를 줄 수 있는 가장 쉬운 방법이다.

책을 좋아한다 → 하루에 2권씩 3년 동안 2190권의 책을 읽었다
....
회사 발전에 기여하겠다 → 영업이익률 45% 달성에 기여하겠다
....

  ● 〈고치고 또 고쳐라〉

   〈아프니까 청춘이다〉로 유명한 김난도 서울대 교수의 글은 술술 잘 읽히는 장점이 있다. 김 교수는 타고난 글쟁이일까? 글쓰기 비결에 대한 그의 목소리를 들어보자.

   "만약 제 초고를 보시면 이 사람이 쓴 글이 맞냐 이렇게 말씀하실 겁니다. 저는 일단 써놓고 '천 번'을 고쳐서 읽기 좋게 만듭니다. 가장 읽

기 좋은 형태로 다듬은 후 가까운 분들에게 피드백을 받고 다시 고칩니다. 이후 출판사 편집자와 의논을 하면서 어려운 것, 오해의 소지가 있는 것을 고칩니다. 이렇게 하면 '천 번'은 수정을 하는 셈이 되지요."

한 권의 책을 내기 위해 천 번을 고치는 그의 정성 때문일까? 〈아프니까 청춘이다〉는 국내 에세이 가운데 '최단기 밀리언셀러'라는 새로운 역사를 썼다. 사랑받는 것은 모두 이유가 있다. 당신의 스토리를 돌아보라. 그 스토리를 완성하는 데 얼마나 온 힘을 쏟았나? 가급적 많은 사람에게 자기소개서를 보여주고 첨삭을 받아라. 합격가능성은 정성에 비례하는 법이다.

업종별 맞춤 스토리

1. 금융업 – 다양한 계층과 소통했던 경험은 기본이다. 여기서 한 단계 더 나아가라. 고객상담, 회원밀착관리, 학부모공개수업, 온라인영업, 텔레마케팅, 회원유치, 상품판매, VIP마케팅 등 고객접점에서 일했던 경험을 떠올려라. 영업능력과 고객불만 대처능력 등을 보여준다면 좋다.

2. 유통업 – 동대문 판매 경험처럼 체험을 통해 얻은 산 유통지식을 원한다. 유명 프랜차이즈 음식점을 많이 둘러보는 것보다 골목 구석구석의 숨은 맛집을 찾아다녔던 스토리가 눈길을 끈다. 현장경험이 부족하다면, 지금부터 발로 뛰어서 개선사항을 제시하라. 포장지를 비닐봉지에서 박스포장으로 교체만 해도 고객만족을 높일 수 있는 곳이 유통업이다. 점포를 방문해서 꼼꼼하게 살펴본 사람과 홈페이지만 보고 자기소개서를 쓴 사람은 한눈에도 차이가 난다.

3. 전자업 – 공대생이라면 전공지식이 중요하다. 한 전자회사 인사팀장은 "기본방향은 전공에 충실한 학생을 뽑는 것이다. 컴퓨터 공학도가 전공은 등한시하고 미술관을 다니며 인문에 대한 이해를 쌓는다는 것은 이해할 수 없다."고 잘라 말했다. 전공과목을 수강하면서 배운 것, 전공지식을 활용한 프로젝트에서 스토리를 꺼내라. 특허가 있다면 금상첨화다. 회사가 주력하는 연구개발 분야를 확인하는 것은 필수! 이를 바탕으로 관련 성취 경험이나 실패 경험을 구체적으로 작성하라.

여자 자기소개서 단골손님,
'관계와 갈등'

　여자는 남자보다 인간관계를 중시한다. 관계를 중심에 놓고 현실을 인식할 때가 많다. 카네기멜론대학교 경제학과 린다 뱁콕 학장은 "여성은 남성보다 인간관계를 발전시키고 보호하고자 하는 욕구가 강하다."고 말했다. 이러한 여자의 특성은 자기소개서에도 고스란히 나타난다. 배경이나 상황을 막론하고 친분에 대한 언급을 자주 하는 것이 그렇다. 예를 들어 이런 식이다.

- 인턴을 했습니다. 그곳에서 팀장님도 정말 편하게 대해주시고 다른 분들도 잘 대해주셔서 감사했습니다.

- 봉사활동을 하면서 짧은 기간이었지만 모두들 잘 대해주시고 많은 것을 배울 수 있었습니다.

- 백화점에서 아르바이트를 하면서 다른 판매사원들이랑 친하게 지낼 수 있었고……

- 홈스테이트를 하면서 영국 가족들과 쉽게 친해지기 어려웠습니다.

기업은 공과 사를 명확하게 구분할 수 있는 직장인을 원한다. 그런데 지나치게 친분을 중시하는 느낌을 주면 관계에 치우쳐 업무를 제대로 처리하지 못할 것이라는 오해를 살 수도 있다. '친분' 뿐 아니라 '경청'과 '공감', '고민상담' 등의 단어도 여자의 자기소개서에 자주 등장하는 단어다. 직무를 막론하고 말이다. 다음의 예를 보자.

○○ 직무는 공감하는 능력이 필요합니다. 저는 사람을 좋아하고 평소 친구들의 말을 귀기울여 잘 듣습니다. 그러다보니 친구들이 고민을 자주 털어놓는 편입니다. 저는 ○○ 직무에 필요한 역량을 갖춘 사람입니다.

혹시 당신의 자기소개서에도 위와 같은 문구가 적혀 있지는 않은가? 내가 만난 여자 지원자 중 절반가량은 자기소개서에 이런 내용을 가득 쓴다. 하지만 생각해보라. 친구가 말하는데 잘 안 들어주는 사람은 몇이나 될까? 당신이 공감 능력을 주장하려면 친구가 아니라 적어도 선후배나 직장인처럼 세대를 막론한 상대를 거론해야 한다.

관계에 대한 여자의 관심은 다음과 같은 자기소개서 질문에 답할 때도 획일적인 내용을 보여준다.

- 인생을 살면서 가장 큰 실패경험은 무엇이었나?
- 타인과 함께 일할 때 어려운 상황에 부딪치면 어떻게 극복했나?
- 팀 프로젝트를 하면서 갈등 상황은 무엇이었고 이를 어떻게 해결했나?

이 질문에 여자가 뼈대로 삼는 소재는 대부분 커뮤니케이션 갈등이다. 어떤 사람들과 함께 일하는데 누구누구 때문에 힘들었고 이를 해결하기 위해 대화로 풀었다는 식이다. 예를 들어 다음과 같다.

| 예시 1 | 팀 프로젝트를 할 때 팀원 간 의견 차이로 불화가 많았습니다. 특히 가장 나이가 많은 언니가 고집을 세워 다른 팀원들을 불편하게 만들었습니다. 팀원 간의 협동은 프로젝트의 성패를 좌우한다고 생각했기 때문에 팀원의 마음을 하나로 모아 일을 진행시켜야 했습니다. 양쪽의 의견을 듣고 대화를 통해 갈등을 해결했습니다.

| 예시 2 | 5명의 팀원과 함께 공모전을 준비했을 때의 일입니다. 한 팀원이 무임승차를 하려는 모습에 다른 팀원이 불만을 터트렸습니다. 심한 언쟁이 발생해 분위기가

매우 살벌해졌습니다. 저는 문제를 해결하기 위해 서로의 입장을 듣고 조율했습니다. 둘은 화해를 했고 다 같이 열심히 노력한 끝에 좋은 성과를 거둘 수 있었습니다.

〈예시 1, 2〉와 같은 내용도 여자의 자기소개서에 자주 나타나는 실례다. 많은 여자가 다른 사람과 함께 일할 때 관계 문제로 갈등을 겪는다. 그만큼 관계를 중시하기 때문이라는 것은 이해한다. 하지만 관계를 중시하다 보면 자기소개서가 심리적인 갈등 양상으로 치우쳐 사실 관계를 드러내는 데 약점을 보인다. 심지어 자기소개서의 절반 이상을 갈등으로 채우는 경우도 봤다. 이렇게 갈등만 잔뜩 담을 경우 커뮤니케이션에 장애가 있거나 잘 토라지는 성향으로 오해받을 수 있다. 게다가 이런 소재는 자기소개서에 워낙 자주 나오다보니 인사담당자의 흥미를 끌기 어렵다. 좀 더 특별한 자기소개서로 점프하려면 어려운 상황을 물을 때 문제요인을 성격 차이로 인한 갈등에서 찾기보다 실체가 존재하는 사실, 예컨대 시스템 오류나 예산 부족처럼 환경요인에서 찾는 게 좋다. 다음과 같이 수정해보자.

| 추천 예시 1 | 팀 프로젝트를 할 때 크게 두 가지 문제가 생겼습니다. 하나는 5일 안에 문제를 해결하는 것이고, 다른 하나는 예산 부족이었습니다. 이 문제를 풀기 위해 A와 B라는 계획을 세웠습니다. 조급한 일정 때문에 불만을 토로하는 팀원들도 있었지만 제가 먼저 어떻게 솔선수범을 했더니 갈등을 줄여갈 수 있었습니다.

물론 질문이 '커뮤니케이션 갈등을 비롯한 대인관계에서 어려움을 겪은 적이 있는가'처럼 직접적으로 대인관계 갈등을 묻는 경우에는 그 내용을 거론할 필요가 있다. 다만 상대방은 나쁘고 나는 좋다는 식으로 몰아가는 것은 좋은 방법이 아니다. 또한 문제를 해결해가는 과정에서 '대화를 통해 해결했다'는 식의 방법은 너무나 뻔하기에 차별성을 보여주기가 어렵다. 다음의 예를 참고해 자신만의 이야기를 풀어가라.

| **추천 예시 2** | 4인 4색 리더 : 팀프로젝트를 할 때 가장 중요한 것은 팀원 간의 호흡입니다. 그런데 A프로젝트를 수행할 때 한 가지 문제가 있었습니다. 팀원의 혈액형이 모두 달라서인지 각자의 생각이 모두 달랐습니다. 좀처럼 이견을 좁히기가 쉽지 않았습니다. 저는 팀원들에게 리더를 따로 두지 않고 1주일씩 돌아가면서 리더를 맡는 게 어떻겠느냐고 제안했습니다. 그 결과 서로를 존중하고 배려하는 것은 물론 일을 미루려는 마음도 사라졌습니다. 과제수행 속도도 매우 빨라져 일주일 동안 10%밖에 나가지 못했던 진도가 3일 만에 50% 이상 진척되는 효과를 거두었습니다. 서로를 향한 존중과 배려에서 팀효율이 높아진다는 것을 배웠습니다.

| **추천 예시 3** | 100-1=0 : 5명의 조원과 함께 A과제를 수행할 때 팀의 리더를 맡았던 제가 의사전달을 잘못해서 일을 그르친 경험이 있습니다. (중략) 학교 시험에서는 '100-1=99'이지만 비즈니스 세계에선 '100-1=0'임을 잘 알고 있습니다. 이 경

험을 토대로 다른 사람과 협업할 때는 단순히 말로 전달하는 데서 그치지 말고 메일과 보고서 등 다양한 도구를 활용해 보다 명확하게 의사를 전달해야 한다는 것을 알았습니다.

갈등 상황에서 당신은 주로 어떤 반응을 보이는가?
: 반응별 유형 :

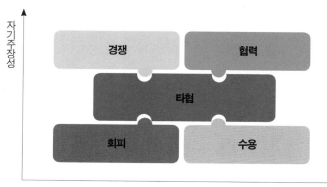

갈등 상황에서 사람들이 보이는 반응은 경쟁, 협력, 타협, 회피, 수용 등 5가지로 분류될 수 있다. 이 중 긍정적인 갈등 해결의 모델은 협력과 타협이다. 자신이 평소 갈등에 부딪쳤을 때 어떤 반응을 보이는지 파악하고 갈등해결을 위한 대안을 미리 마련해 둔다면, 원만한 관계를 유지하고 업무 성과를 창출하는 데 유용하다.

* 출처 : TKI(Thomas-Kilmann Instrument) 검사. TKI 검사는 개인의 갈등유형을 측정하는 심리검사 도구다. 자신과 타인의 갈등유형을 인식하여 갈등상황에 따라 효과적으로 갈등해결 방안을 개발할 수 있도록 하여 개인과 조직이 효과적으로 갈등을 관리할 수 있도록 도와주는 데 목적이 있다.

감정은
행간에 묻어라

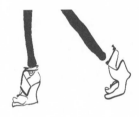

"공채 시즌이면 하루에도 수백 개 또는 수천 개의 자기소개서를 읽는다. 인사담당자는 감성적 코드의 사람이 아니다. 서류를 보며 감탄하고 눈물을 흘리지 않는다. 빠른 시간에 이해하기 쉽고 과장 없이 작성한 글을 선호한다."

어느 은행 인사담당자의 말이다. 그러니 제발 감정을 드러내는 단어를 쓰지 말자. 팩트만 담도록 노력해야 한다.

| **예시 1** | 돌아보면 참으로 치열한 대학생활을 보낸 것 같습니다. 저는 남들보다 실무에 더 쉽고 빠르게 적응할 수 있는 역량을 갖추었습니다. 금융아카데미의 재무 설계 과제를 통해 실무를 체험하고 은행에서 인턴을 하면서 수백 시간의 이론 공부보다 값진 실무 경험을 가졌기 때문입니다. 저는 어떤 일이든 태도가 매우 중요하다고 생각합니다. 스스로 만족할 수 있는 결과를 내기 위해선 보이지 않는 곳에서도 성실하게 노력하고 대비해야 한다는 것을 경험을 통해 배웠습니다.

| **예시 2** | 저는 몇 년간의 대학생활에서 인생의 궁극적인 목표를 찾았습니다. 지난해에 한 기독교 단체를 통해 다녀온 훈련 프로그램을 통해서 돈을 주고도 살 수 없는 경험을 했습니다. 미국에서 두 달간 8명의 동기들과 한 공간에서 생활하면서 배려심을 키웠습니다. 그 후 아프리카에서 세 달 동안 생활하면서 제 가슴은 매우 뛰었습니다. 누군가를 도울 수 있다는 기쁨이 저의 가슴을 뛰게 하였습니다. 텐트에서 자고 화장실도 없는 열악한 환경이었지만 제가 누군가를 조금이라도 도울 수 있고 기도해줄 수 있다는 사실이 매우 행복했습니다. 하지만 우리 주변에 우리가 돌봐야 할 불쌍한 지구촌 가족들이 참 많다는 사실에 마음이 아프기도 했습니다.

| **예시 3** | 대학교 3학년 때 초등학생들을 대상으로 과학교육 봉사활동을 했습니다. 아이들과 만나기 전까지 저희 팀원들은 걱정을 많이 했습니다. 가는 곳이 도시이고 고학년들이라 무서운 아이들이면 어쩌나 걱정했습니다. 그런데 초등학교에 가서 아이들을 만나보니 너무도 순수하고 착한 아이들이어서 좋았습니다. 4박 5일의 프로

그램을 마치는 날 과자파티를 하고 전날 밤새 만든 롤링페이퍼와 상품을 아이들에게 나누어 주었습니다. 과자를 먹으며 동영상을 시청했을 때 이를 보고 우는 아이들도 있었습니다. 울먹거리는 아이들을 보자 눈시울이 붉어졌습니다. 집으로 갈 때 아이들이 옷에 글을 써주었는데, 지금도 그 옷을 빨지 않고 갖고 있습니다. 아이들과 며칠을 같이 지내고 돌아오니 마음이 힐링된 것처럼 좋았습니다.

〈예시 1〉은 구체적인 경험보다 생각이 더 많이 등장한다. '금융아카데미의 재무 설계 과제', '은행 인턴', '봉사활동' 같은 단어를 제외하면 모두 감정을 담은 생각이다. '남들보다'라는 단어는 불필요하다. 자신이 어떤 누구보다 뛰어난 역량을 갖고 있다는 것을 어떻게 증명할 수 있는가? 이처럼 객관적인 증거 없이 단어를 고르는 것은 매우 위험하다.

〈예시 2〉는 자기소개서보다는 선교활동 후기에 더 적합하다. 〈예시 3〉은 한 술 더 뜬다. 초등학생들을 만나기 전 무서운 아이들이면 어쩌나 걱정했다는 대목에서 이 지원자가 과연 정글 같은 회사생활을 잘 이겨낼지 걱정스럽다. 이런 내용을 보고 인사담당자는 지원자의 어떤 역량을 파악할 수 있을까? 기업은 착하고 여리고 마음이 따뜻한 지원자를 찾는 것이 아니다. 회사는 이윤을 추구하는 곳이다. 매출을 올리고 비용을 절감하는 데 신경 쓸 이성적인 지원자를 원한다. 화학회사 인사담당자는 "자기소개서에는 자신의 주장을 뒷받침할 수 있는 근거를 정확하게 제시해야 한다. 예를 들어 기획력을 강조하고자 한다면 대학교 동아리에서 어떤 직책을 맡았고 언제부터 언제까지 어떤 아이디어를 내서 회원 수를 몇 프로나 증가시켰는지 팩트와 수치를 통해 작성하라."고 조언했다.

자, 그렇다면 어떻게 수정해야 할까? 다음은 〈예시 3〉을 적은 학생이 자기소개서 상담을 통해 내용을 바꾼 사례다. 나는 그녀에게 다음과 같이 다섯 가지 질문을 던졌을 뿐이다.

1. 과학교육 봉사활동은 무엇을 하는 건가요?

2. 어떤 프로그램을 진행했나요? 그 프로그램을 준비한 이유가 있나요?

3. 봉사활동을 잘하기 위해 어떤 노력을 했나요? 그 노력이 당일 도움이 되었나요?

4. 봉사활동을 하면서 예상하지 못했던 일이 생기지는 않았나요? 그것에 어떻게 대비했나요?

5. 봉사활동을 통해 무엇을 배웠나요? 그날 배운 것을 직장생활에 활용할 수는 없나요?

| **다시 쓴 예시 3** | 과학교육 봉사활동을 통해 사전준비의 중요성을 배웠습니다. 대학교 3학년 때 초등학생들을 대상으로 한 과학교육 봉사활동에 참여했습니다. 드라이아이스를 활용한 아이스크림 만들기, 태양열을 이용한 로봇 키트 등 초등학생들

이 과학에 흥미를 가질 수 있도록 다양한 과학실험을 준비했습니다. 학생을 만나기 전 예행연습도 철저히 했습니다. 특히 날씨를 미리 살핀 것이 실수를 예방하는데 유용했습니다. 태양열을 이용한 로봇 키트를 만들기 위해서는 날씨가 중요했기 때문입니다. 전날 일기예보를 보니 아무래도 날씨가 흐려서 태양을 직접 이용하지 못하겠다는 생각이 들었습니다. 흐린 날씨를 대비해 키트를 사면서 할로겐 램프를 빌려왔습니다. 램프 덕에 실험을 무사히 마칠 수 있었습니다. 이 경험을 통해 만반의 준비가 왜 중요한지 새삼 깨달았습니다.

그렇다고 감정이 메마른 사람처럼 보여야 한다는 말은 아니다. 다만 감정은 행간에서 읽을 수 있도록 감추어야 한다.

쓸거리는 많은데
정리가 안 될 때

쓸거리가 많은데 정리가 안 될 때가 있다. 주로 스펙이나 경험은 있는데 이들을 어떻게 엮어야 할지 잘 모르거나 욕심이 앞서는 경우다. 이런 자기소개서는 인사담당자에게 혼란을 안겨준다. 인사담당자가 당신의 속마음을 알아서 헤아려 주리라고 생각해서는 안 된다.

"채용기간엔 아침 일찍 출근해서 새벽 늦게까지 자기소개서를 읽고 퇴근한다. 하지만 수천 개의 자기소개서를 읽다 보면 너무 생각 없이 쓴 자기소개서가 많아 실망스럽다. 자기소개서에 사람은 없고 스펙만

있는 경우도 많다." (건축회사 인사담당자)

"스펙 좋은 사람을 실제로 정말 많이 떨어뜨렸다. 이들의 공통점은 스펙을 관통하는 '의미'를 찾지 못했다. 스펙과 핵심역량을 어떻게 연관 지을 수 있을지를 생각해야 한다." (생활용품회사 인사개발실 상무)

"성과 중심, 결과 중심으로 나열하는 자기소개서는 인사담당자에게 거부감을 줄 뿐이다. 삶이 묻어나는 스토리를 작성해야 한다." (국책은행 인사담당자)

쓸거리 많은 당신이 저지르기 쉬운 예를 살펴보자.

| 예시 1 | 친가에서 첫째로 태어난 저는 친척들의 관심을 한 몸에 받고 자랐습니다. 아주 어렸을 때부터 부모님은 작은 일에도 칭찬을 많이 해주셔서 으쓱했던 일이 많았습니다. 주목받는 것이 좋았던 저는 학창시절 내내 일곱 차례 반장을 했습니다. 학교 공부도 열심히 해서 전교 1등을 놓치지 않았습니다. 손재주도 좋아 그림, 만들기, 글짓기 등 각종 대회에 빠지지 않고 참여해 수상을 했습니다. 또한 사회적 약자에 관심을 갖고 3년 동안 지속적으로 봉사활동을 했습니다. 복지회관에 가서 어르신들의 말벗이 되어 드렸으며, 해비타트 봉사활동에 참여해 오래된 집을 고치기도 했습니다.

| 예시 2 | 저는 성실함이 대한민국 상위 1%에 속하는 사람입니다. 과외나 유학 경험 없이도 성실히 공부해서 원하는 외국어 고등학교에 입학했고 서열이 높은 대학

에 들어갔습니다. 입학통지서를 받았을 때는 그동안의 노력이 떠올라 희열을 느꼈습니다. 우수한 학생들 사이에서 열심히 노력해 장학금을 3차례나 받았으며, 금융3종세트도 졸업 전에 미리 취득했습니다. 또한 무너져 가는 동아리의 부회장을 맡아 학부 최다 회원 수의 동아리로 끌어 올린 경험이 있습니다.

〈예시 1, 2〉를 본 느낌이 어떠한가? 거부감이 드는 것은 둘째 치고, '그래서 무슨 말을 하고 싶은 거지?' 하는 생각이 들지 않나? 아무리 쓸 게 많아도 위 예시처럼 늘어놓기만 해서는 부담을 줄 뿐 아니라 핵심을 짚어주지 못하게 된다.

이 경우는 효과적인 전달 방법을 연구해야 한다. 짧은 자기소개서 항목에 모든 경험을 담는 것은 비효율적이다. 핵심활동을 2개 내외로 간추린 후 왜 이 활동을 했고 어떤 교훈을 얻었는지, 입사 후 어떻게 응용할지 등을 덧붙이는 게 중요하다. 한마디로 이력 혹은 스펙이 아니라 사례(스토리)를 중심으로 써야 한다. 이쯤 되면 당신의 자기소개서에 뼈대가 없다는 사실을 깨달았을 것이다. 이 뼈대는 과연 무엇으로 세울 것인가. 그게 바로 인간미 혹은 인성을 담는 것이다(감성을 말하는 게 아니다. 감성이 사소한 일에도 감동을 받는 것이라면 인성은 마음자세나 마음씀씀이처럼 타인을 배려하고 베푸는 덕성을 말한다.).

| **추천 예시 1** | 어머니의 편지 : 학창시절 제 책가방에는 늘 어머니의 편지가 들어 있

었습니다. 어머니는 집을 나서는 제 가방에 말없이 편지를 넣어주셨습니다. 편지에는 사회에 꼭 필요한 사람으로 자라라는 당부가 적혀 있었습니다. 이 편지는 제 삶의 지침서가 되었습니다. 사회에 필요한 사람이 되려면 먼저 맡은 일부터 열심히 해야 한다고 생각했습니다. 성실히 공부를 해 상위권 성적을 유지할 수 있었고, 대학때도 3차례 장학금을 받았습니다.

마음 나누기 : 가장 잘하는 일은 마음을 나누는 것입니다. 고2 때 수화를 배워 봉사활동을 시작한 후로 매년 봉사활동을 하고 있습니다. 청각장애인에게 뜨개질을 알려주고 장애인취업박람회에서 수화통역을 하며 소통의 기쁨을 알았습니다. 또한 길 가다가 손수레 끌고 가시는 할아버지를 만나면 뒤에서 밀어드리고 '조심히 들어가세요!'라고 씩씩하게 인사합니다.

쓸거리가 많은 당신에게 딱 한 가지 부족한 것은 인성적 뼈대다. 인사담당자 역시 여러 가지 스펙이 나열된 당신을 보며 하는 생각은 '그럼, 마음은 갖추었는가?' 하는 점이다. 타인을 배려하는 마음 씀씀이 말이다.

| 추천 예시 2 | 수동태에서 능동태로 : 변화를 시도함으로써 교육담당자에게 필요한 역량 하나를 터득했습니다. 바로 사람에 대한 관심과 정성입니다. 고등학생 때까지 저는 학업에만 충실할 뿐 대인관계에는 큰 욕심이 없었습니다. 하지만 이런 모습에 변화를 주고 싶었습니다. 삶에서 중요한 것을 놓칠 수 있겠다는 생각이 들었기 때문

입니다. DSLR 사진동호회 활동, 국토대장정 참가 등 다양한 경험을 통해 커뮤니케이션 스킬과 배려를 키우기 위해 노력했습니다.

I am a Model : 그중에서도 가장 기억에 남는 것은 2학년 때 진행한 'I am a Model 프로젝트'입니다. 저는 학과 친구들에게 좋은 추억을 만들어주기 위해 2시간에 5만 원 하는 셀프스튜디오를 빌렸습니다. 그리고 사진촬영을 원하는 친구 5명에게 500장의 사진을 선물했습니다. 빈티지 의상을 입고 찍은 사진은 정말 근사했습니다. 저는 그들에게 동의를 구한 후 온라인 쇼핑몰 5곳에 사진을 몇 장 보냈습니다. 그 결과 한 곳의 쇼핑몰에서 모델 아르바이트 제의를 했고, 5명 모두 쇼핑몰의 얼굴이 되었습니다.

작은 도전과 큰 생활신조 : 평범한 친구가 '진짜 모델'이 되는 과정은 저에게도 즐거움을 주었습니다. 이 프로젝트를 통해 주변 사람들을 주인공으로 만들면 결국 저 자신이 주인공이 된다는 것을 알았습니다. 교육생이 필요로 하는 교육이 무엇인지를 고민하기 위해서는 교육생에 대한 관심과 정성이 필요합니다. 'I am a Model 프로젝트'를 통해 얻은 교훈을 활용해 교육생들을 주인공으로 만들기 위한 노력을 이어가겠습니다.

　에세이 유형의 자기소개서를 쓸 때 참고하면 좋은 전개방식이다. 내용별로 소제목을 두어 가독성을 높였다. 앞부분에 자신의 단점을 노출하며 겸손하게 접근한 것도 좋다. 스펙 좋은 여성은 오만할 것이라는 생각을 덜어줌으로써 오히려 매력을 강조할 수 있다. 다양한 활동 가운데 하나를 골라 두 번째 단락에서 자세히 푼 것도 좋았다. 숫자와 프로젝트명 등 생생한 표현 덕에 술술 읽힌다. 하지만 이 글의 생명은 따로 있다. 마지막 단락에 적혀 있는 '교훈'이 그것이다.

| **추천 예시 3** | '2樂 스포츠' 라크로스 : 영업관리 담당자가 기본적으로 지녀야 할 소양은 팀의 목표와 성과를 위해 화합하는 자세라고 생각합니다. 저는 라크로스를 통해 체력은 물론 팀워크를 높이는 방법을 배웠습니다. 라크로스는 매우 역동적인 스포츠입니다. 31인치 이상 되는 스틱으로 공을 패스하면 시속 130㎞ 이상의 속도로 공이 날아다닙니다. 운동량이 많다보니 자연스럽게 기초체력이 강해져 최근 2년 동안 감기에 걸린 적이 없을 정도입니다. 이러한 체력으로 야근도, 철야도 씩씩하게 해낼 자신이 있습니다.

14대10 우승 : 저는 3년 동안 매주 2회 이상 연습에 참여했습니다. 정기 연습은 물론 비정기 연습 때도 빠짐없이 출석하며 팀원들과 호흡을 맞추었습니다. 그 결과 골 운이 없던 제가 매 경기 한 골 이상 득점을 올릴 만큼 실력이 늘었습니다. 3개월 전에 열린 친선경기에서는 저희 팀이 14대10으로 우승했는데, 저도 2골을 넣으며 기여했습니다. 입사 후에도 조직 구성원으로서의 역할과 책임을 잊지 않고 영업 이익률 10%를 목표로 노력하겠습니다.

산만한 나열의 자기소개서를 어떻게 주제 있는 자기소개서로 바꿀 수 있는지 잘 보여주는 글이다. '중'에서 '상' 단계로 한 번에 오르려면 위 예시처럼 욕심을 버리고 한두 가지의 경험에 집중해서 스토리텔링 하면 된다.

쓸거리가 많다는 말은 버리기 아깝다는 말과 똑같다. 20년 이상 정말 치열하게 살았는데, 인사담당자가 그 마음을 몰라줄까 걱정하기 때문이다. 하지만 마음을 바꿔 먹자. 나열만 해서는 당신의 매력을 발산할 수 없으며 이를 어떻게 잘 보여줄 것인지 한번쯤 고민해야 한다.

자, 마지막으로 정리해보자. 소개할 게 많을 때는 반드시 다음 조언을 참조하자.

❶ 지나온 삶을 돌아보고 에피소드를 정리하라.

❷ 욕심을 버리고 가장 인상적인 에피소드 2, 3개를 간추려라.
  * 에피소드가 인간미(인성)를 담고 있는지 살펴라.

❸ 에피소드를 생활신조, 가치관, 직업관 등으로 꿰어 엮어라.
  * 생활신조, 가치관, 직업관 등이 인간미를 담고 있는지 체크하라.

❹ 꿴 구슬을 업무나 직장생활과 연결해서 입사의지를 어필하라.
  * 전체적인 내용이 인간미를 담고 있는지 또! 또! 확인하라.

평범녀가 알파남을 이기는 포부 작성법

　어느 자동차회사 인사담당자는 "(대학생들이) 입사하고 싶은 기업은 있지만 구체적으로 입사 후의 계획이 없는 것이 아쉽다. 좀 더 구체적인 입사 후 계획과 직무에 대한 공부를 할 것"을 당부했다. 자기소개서에서 유독 어려운 항목이 〈입사 후 포부〉다. 직장생활 경험이 없기 때문이다. 하지만 당신의 경쟁자도 경험이 없기는 마찬가지. 문제는 포인트를 누가 알고 있느냐다. 먼저 여자의 자기소개서에서 쉽게 발견할 수 있는 NG 사례부터 짚어보자.

● 예시 1 - 전문성 제로

회사생활에서 가장 중요한 것은 개인의 능력보다 원활한 인간관계라고 생각합니다. 동료들을 시기와 질투로 바라보지 않고 스스로를 자극하여 발전시킬 수 있는 원동력으로 여길 것입니다. 그들을 존경하고 존중함으로써 사랑받는 사원이 되겠습니다. 이를 위해 웃음이 넘치는 회사를 만들고자 합니다. 새침데기 같은 첫인상과 다르게 매우 호탕한 웃음소리를 지녔습니다. 저의 시원한 웃음소리로 업무 능률을 올리고 다른 동료들에게 웃음을 퍼트리겠습니다. 비록 사회 경험은 부족하지만 제 웃음소리와 밝은 미소로 사내 분위기를 더욱 활기차게 할 것입니다. 제가 다른 사람과의 만남을 고대하듯이 누구나 저를 알고 싶어 하는 사람이 되도록 노력하겠습니다.

⋯⋯ 회사는 동료를 사귀러 가는 곳이 아니라 일하러 가는 곳임을 명확히 알아야 한다. 밝게 웃으며 친분을 쌓는 것보다 더 중요한 것은 정확한 일처리로 자기 몫을 잘해내는 것이다. 구체적으로 어떤 일을 어떻게 해서 어떤 성과물을 낼 계획인지를 밝혀야 한다.

● 예시 2 - 적절하지 않은 비유

〈아기 돼지 삼형제〉의 이야기 중 막내 돼지는 성실함으로 늑대의 공격을 막아냈습니다. 저는 막내 돼지 같은 성실함을 지녔습니다. 막내 돼지의 성실함으로 회사의 위기를 막아내는 데 기여하겠습니다.

⋯▸ 포부는 비유를 통해 빙빙 돌려쓰기보다 직접적으로 제시하는 것이 좋다. 위 예시
처럼 유아를 위한 동화에서 내용을 발췌하는 것은 더더욱 금물. '유치하다'는 인
상을 주기 때문이다.

● 예시 3 - 막연한 자기계발

저는 자기계발을 꾸준히 할 것입니다. 업무에 필요한 자격증을 취
득하며 영어공부를 게을리 하지 않겠습니다. 동시에 끊임없이 독서를
하면서 누구에게나 인정받는 직원이 되도록 노력할 것입니다. 기회가
된다면 대학원에 진학해서 업무 역량을 업그레이드하고 싶습니다.

⋯▸ 직장생활에서 자기계발은 중요하다. 하지만 왜 자기계발을 하는지에 대해 인식
하지 않고 무조건 자기계발을 하겠다는 모습은 환영받지 못한다. 업무와 무관하
게 공부를 하겠다는 직원을 누가 좋아하겠는가. 당신이 영어공부를 한다면 영어
실력을 직무에 어떻게 활용할 계획인지 명확하게 밝혀야 한다.

● 예시 4 - 당연한 노력

먼저 신입 사원으로서 조직에 융화되기 위해 노력하겠습니다. 늘 15
분 일찍 출근하여 밝은 미소로 일할 것이며, 기본업무를 부지런히 습

득할 것입니다. 이제 막 사회에 첫발을 내딛었기 때문에 많이 미숙합니다. 무엇이든 적극적인 자세로 성실하게 배워나가겠습니다. 나아가제 맡은 바 일을 충실히 해서 후배들이 존경할 만한 리더가 되기 위해노력하겠습니다.

> ⋯▸ 직장인이라면 누구나 다 조직에 융화되기 위해 노력해야 하고 제시각에 출근해야 하며 밝은 미소로 일해야 한다. 이처럼 당연한 이야기를 포부로 적는 것은 민망하다. '무엇이든 배우겠다'는 스터디형 포부도 NG다. 회사는 학교가 아니다. 연봉을 받는 만큼 회사에 기여할 수 있어야 한다.

● 예시 5 - 감성적 내용

저는 귀사의 행복 파트너가 될 것입니다. 귀사의 입사는 제 인생의가장 큰 목표입니다. 이를 이루기 위해서 지금까지 많은 노력과 시간, 열정을 쏟았습니다. 입사 후에는 제 자신의 발전과 제가 속한 회사의 발전을 위해 노력하겠습니다. 조금씩이라도 성장하는 모습을보여드리겠습니다. 이제는 제2의 배우자가 될 A사와 평생 함께 살고싶습니다.

> ⋯▸ 감성적인 말도 좋지 않다. 무엇을 실천하겠다는 것인지 전혀 알 수 없다. 직무와연계성이 없는 추상적인 다짐은 불합격 샘플 중 하나다.

부족한 경험으로 자기소개서 점수를 까먹었는가? 포부만 잘 써도 얼마든지 점수를 만회할 수 있다. 어떤 게 좋은 포부일지 다음 예시를 통해 답을 구해보자.

| **추천 예시 1** | 소비자의 감성을 자극하는 마케팅으로 브랜드 인지도 상승에 기여하겠습니다. 기술의 발전으로 소비자들은 품질의 차이를 크게 느끼지 못하고 있습니다. 구매를 촉진하기 위해서는 브랜드의 콘셉트와 이미지에 차별화를 꾀하고 소비자와 인터랙션하는 마케팅 프로그램으로 소통을 강화해야 합니다. 저는 입사 후 크게 참여 마케팅과 착한 소비 마케팅, 스토리텔링 마케팅을 진행하겠습니다.

먼저 소비자의 참여를 유도하는 참여 마케팅을 선보이겠습니다. 소셜 무비 공모전, 브랜드 심볼 공모전 등을 실시해 브랜드 메시지를 자연스럽게 노출하고 호감도를 높이겠습니다.

중기적으로 매출의 일정 비율을 기부하는 착한 소비 마케팅을 실시하겠습니다. 지난해 동기들과 함께 한 달간 아프리카 남부의 국가를 찾아 에이즈 감염 아동을 위한 봉사활동에 참여했습니다. 이를 바탕으로 에이즈 인식 개선을 위한 마케팅을 진행한다면 기업 이미지를 개선하는 효과를 얻을 수 있을 것이라고 생각합니다.

장기적으로 브랜드와 제품에 이야기를 담은 스토리텔링 마케팅을 진행하겠습니다. 특히 약국에서 출발한 탄생 스토리를 바탕으로 디자인과 품질, 판매에 이야기를 담은 키엘 화장품을 벤치마킹하고자 합니다. 브랜드가 가지고 있는 고유의 콘셉트와 이야기로 소비자들을 사로잡아 궁극적으로 매출향상에 기여하겠습니다.

〈추천 예시 1〉은 다음과 같은 점에서 칭찬할 만하다.

❶ 두괄식으로 핵심 포부를 밝혀 집중력을 높였다.

❷ 포부를 언급하기 전에, 간단히 배경을 설명함으로써 시장에 대한 관심을 어
  필했다.

❸ 자신의 포부를 단기, 중기, 장기 3가지 측면에서 제시함으로써 설득력을 높
  였다.

❹ 단순히 주장만 내세우지 않고 구체적인 실행방안을 덧붙였다.

❺ 자신의 경험이나 관심을 바탕으로 각각의 세부계획을 제안함으로써 신뢰감
  을 준다.

❻ 관련 분야에 대한 용어 사용으로 마케팅 시장에 대한 지식과 관심을 전달
  했다.

  단, 위 예시도 아쉬운 점은 있다. 매출 목표를 구체적인 수치로 제시
하지 못한 점과 경력 관리에 대한 고민이 담겨 있지 않은 점이 그것이
다. 마케터라면 누구보다 '숫자'에 익숙해져야 한다. 위와 같은 마케
팅 프로그램을 실천했을 때 기업 인지도와 매출 향상에 얼마나 기여
할 수 있을지 숫자로 제시하면 신뢰감을 높일 수 있다. 또 하나. 포부
를 쓸 때는 경력 관리도 함께 제시하자. '어떤 일을 해보고 싶다'에서
그치지 말고 회사 내 최종적인 목표를 덧붙이는 것이다. '플랜트 분야

에서도 계측제어 부문 공장제어시스템을 관리해보고 싶습니다. 최종적으로는 플랜트 사업 프로젝트 매니저가 목표입니다'처럼 구체적인 희망 직무와 경력 목표를 함께 담으면 좋은 인상을 줄 수 있다.

| **추천 예시 2** | 영업은 은행의 꽃 : 은행원이 갖춰야 할 제1 덕목은 영업력이라고 생각합니다. 저는 차별화된 고객 서비스를 바탕으로 영업실적이 우수한 은행원이 되겠습니다. 이를 위해 다음과 같은 단계적 실천방안을 세웠습니다.

① 장학적금 전도사 : 3년 내 장학적금 전도사가 될 것입니다. 장학적금은 꾸준한 저축 습관을 길러줄 수 있는 유용한 상품입니다. 어학원에서 1년 동안 학부모 상담을 해온 경험을 바탕으로 학부모들을 설득해 장학적금 가입률을 10% 이상 높이겠습니다. 또한 모교를 방문해서 1000개의 적금 통장을 만드는 등 학교 단체 가입을 유도하겠습니다.

② 예금+대출 영업전략 : 5년 후에는 부동산중개업소를 활용해 예금과 대출실적을 동시에 올리는 전략을 구사하겠습니다. 지점 인근 부동산중개업소를 꾸준히 관리함으로써 상가를 매매할 때 A은행에서 잔금을 치르도록 유도하는 것입니다. 저는 부동산중개업소를 운영하시는 부모님의 업무를 수차례 도운 경험이 있습니다. 이를 활용해서 건물을 판 사람에게는 예금을 유치하고 건물을 산 사람에게는 대출을 받도록 해 두 마리 토끼를 잡겠습니다.

③ twentyfive를 넘어 : 궁극적인 목표는 영업실력과 금융지식을 인정받아 정년 이후에도 일하는 것입니다. 2033년에는 고향인 대전에서 지점장이 되어 대전이 영업

실적 1위 점포가 되는 데 기여하겠습니다. 발로 뛰어다니는 솔선수범형 지점장이 되어 지역특성을 살린 수익모델을 만들고 서비스와 사회공헌활동을 강화해 대전지역 경제의 4번 타자가 되겠습니다.

금융업은 여자가 매우 선호하는 업종이다. 그런데 금융업 지원자의 포부에서 빠지지 않는 내용이 있다. '친절한 서비스로 고객의 마음을 사로잡겠다'는 것이다. 물론 서비스도 중요하지만 이는 너무도 흔해 차별화되지 않는다. 요즘 기업의 화두는 영업이다. 금융그룹 인사팀 대리는 "금융은 직종을 막론하고 영업이 핵심이다. 영업능력과 마인드는 업무에서 필수요소"라고 강조했다.

너도나도 고객 만족을 외칠 때 〈추천 예시 2〉처럼 구체적인 영업 전략을 제시하면 눈에 띄게 마련이다. 관리자 목표를 제시한 것도 돋보인다. 여자 지원자들 가운데는 관리자가 되겠다는 목표를 거론하는 이가 드물다. 막연하게 '임원이 되겠다'고 적으면 신뢰를 얻기 힘들지만 위 예시처럼 구체적인 내용을 제시하면 믿음을 줄 수 있다. 'twentyfive'는 이 회사 인재 채용 모토라고 한다. 회사 정보를 조사해 소제목으로 넣은 점도 좋고, 여직원 퇴사율이 높은 상황에서 20년 후에도 조직을 위해 일하겠다는 목표를 제시한 점이 인상적이다.

자기소개서에 여성 느낌이 나지 않도록 쓰라

기업이 뽑는 건 여자나 남자가 아니다. 기업은 사원을 뽑는 것이 목적이다. 사원이라는 말에는 과연 성이 있을까 없을까? 없다. 그런데도 많은 사람들이 자신의 성별이 무엇인지 금세 알 수 있도록 자기소개서를 쓴다.

소녀, 숙녀, 여자의 몸, 홍일점처럼 직접적으로 성을 드러내는 표현을 비롯하여 행복, 미소, 인사, 기쁨, 사랑, 마음, 예쁘다, 짝꿍, 귀엽다 등의 감정을 표현하는 단어는 자제한다. 나아가 동적인 내용보다 정적인 내용을 쓰게 되면 상대적으로 여성적인 자기소개서라는 느낌을 준다. 주의하자.

자기소개서 당락을 결정하는 지원동기 쓰는 법

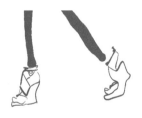

자기소개서에서 합격과 불합격을 가르는 중요한 변수는 다름 아닌 〈지원동기〉다. 요즘은 자기소개서 가이드북도 많고, 강의와 상담, 스터디 등을 통해 다져진 지원자가 많아 〈지원동기〉 작성 수준도 매우 높다.

〈지원동기〉에는 어떤 내용을 담으면 좋을까? 기업의 자기소개서 질문에 그 답이 나와 있다. 어떤 기업은 간단하게 '지원동기'를 요청하지만, 또 어떤 기업은 세부 내용까지 친절하게 알려준다. 이를 토대로 작성하면 포인트를 살릴 수 있다.

- 수많은 기업 중에서 우리 회사를 지원한 동기를 기술해 주십시요. 우리 회사가 귀하를 채용해야만 하는 이유와 우리 회사의 비전달성을 위하여 기여할 수 있는 부분을 중심으로 써주세요.
- 회사 및 해당직무에 지원한 동기와 직무를 잘 수행할 수 있는 이유를 경험과 준비과정을 중심으로 기술하세요.
- 지원한 직무분야와 관련하여, 자신이 어떻게 기여할 수 있는지를 경험 위주로 구체적으로 기술해 주십시요.
- 지원한 직무에 본인이 적합한 인재라고 생각하는 이유를 3가지 써 주세요.

〈지원동기〉는 '당신을 채용해야만 하는 이유'라는 문구로 바꿀 수 있다. 경험과 역량을 바탕으로 회사에 기여할 수 있는 부분을 전달해야 한다. 먼저 NG 사례부터 살펴보자.

● 예시 1 - 무조건 찬양 NO!

제가 A사에 지원한 가장 큰 동기는 A사는 외모와 뷰티에 관심이 많은 20대 여대생인 제가 매우 좋아하는 브랜드이기 때문입니다. 저는 속된 말로 'A사 빠순이'입니다. 아침에 일어나 회사의 제품으로 세수를 하고 샤워를 한 후 얼굴을 촉촉하게 합니다. 저는 24시간을 A사

제품과 함께하고 있습니다. 해외배낭여행에서 회사의 광고를 보았을 때도 매우 큰 자부심을 느꼈습니다. 이제 그 회사의 일원이 되고 싶습니다.

⋯▸ 여자가 선호하는 뷰티나 패션, 식품 등의 회사에는 이처럼 제품 로열티가 높은 지원자를 쉽게 찾아볼 수 있다. 물론 회사에 대한 애정을 표현하는 것은 좋은 일이다. 일부 B2B업체 인사담당자는 회사 제품을 보았거나 회사 이름으로 3행시를 짓는 노력이 매우 반갑다고 했다. 하지만 대중이 쉽게 접할 수 있는 제품을 생산하거나 서비스를 제공하는 회사의 경우 단순한 '팬심'은 사양한다. 지원자 대부분이 회사 칭찬을 하다 보니 '단순 찬양 글'에 별 감흥이 없다고 토로한다. 특히 위예시에는 '빠순이'라는 속어가 등장하는데, 이런 표현은 브랜드에 대한 열정을 보여주기는커녕 평소 언어습관에 대한 오해를 불러일으키니 주의하자.

● 예시 2 - '어릴 때부터' NO!
어릴 때 세뱃돈 받아서 처음 간 은행은 00은행이었습니다. 그 후 용돈을 모아 은행에 방문하면서 애정을 키웠습니다. (중략) 그때의 애정을 회사에서 보여드리겠습니다.

⋯▸ 이런 〈지원동기〉도 너무 흔하다. 백화점에 지원할 때는 '어릴 적 엄마 손을 잡고 백화점을 자주 찾았다'고 말하고 자동차회사에 지원할 때는 '어릴 적 아버지가 운

전하는 자동차를 타고~'라고 쓴다. 이처럼 개성 없는 내용은 버리자. 기업은 지원자가 고객이 아니라 직원의 입장에서 접근하길 바란다. 먹는 것을 좋아하는 사람과 음식을 잘 만드는 사람 중 누가 요리사로서 성공할까? 그 차이를 정확히 아는 사람이 〈지원동기〉도 잘 쓰는 법이다.

● 예시 3 - 평이한 브랜드 경험 NO!

야외활동을 할 때 반드시 챙기는 것이 있습니다. 바로 햇반입니다. '햇반 오곡밥', '햇반 흑미밥', '햇반 검정콩밥', '햇반 발아현미밥', '햇반 찰보리밥' 등 종류도 다양해 입맛에 따라 골라 먹을 수 있습니다.

⋯▶ '햇반' 에피소드는 CJ제일제당 지원자의 자기소개서에서 가장 쉽게 접할 수 있다. 이뿐만 아니다. 소나타(현대자동차), 자이(GS건설), 자연은(웅진식품), 래미안(삼성물산), 갤럭시(삼성전자), 캐리비안베이(삼성에버랜드), 빈폴(제일모직) 등도 각 기업 자기소개서에서 자주 등장한다. 지원 회사의 대표 브랜드와 연관된 경험은 너무 많아서 개성을 전달하기 어렵다. 특별한 내용이 아니라면, 소재를 달리할 필요가 있다.

● 예시 4 - 여성 일반화 NO!

여성이라면 누구나 한 번쯤 승무원이 되고 싶다는 생각을 할 것입니다. 저 또한 어렸을 때 예쁜 유니폼을 입고 멋지게 걸어가는 승무원 언니들의 모습을 보고 무작정 꿈을 꾸기 시작했습니다. 서비스업계의 꽃이 무엇인지 보여드리겠습니다.

···▸ '여성이라면 누구나'가 아니라, 당신이 왜 지원하는지를 써야 한다.

● 예시 5 – 복리후생 강조 NO!

A사는 여성을 위한 복리후생이 매우 좋다는 이야기를 들었습니다. 앞으로 가정을 꾸리게 될 여성으로서 개인의 삶과 업무가 양립하는 것은 매우 중요한 고려사항입니다. 바로 이러한 장기적인 고민이 회사를 지원하게 된 이유입니다.

···▸ 복리후생에 대한 관심을 적는 것도 안 좋다. 회사가 무엇을 줄 수 있는지보다 당신이 회사에 무엇을 기여할 것인지를 먼저 고려해야 한다.

● 예시 6 – 감성적 호소 NO!

처음 호텔의 연회장을 접하고서는 비로소 세상에 태어난 이유를 알게 되었습니다. 그 후로는 제 꿈을 생각할 때마다 가슴이 터질 듯 행복했습니다. 꿈만 먹고 살던 시기를 지나 이제는 그 꿈을 현실화시키기 위해서 지금 A사로 달려가고 있습니다. 당장 A사에 제가 도움이 된다고 말하기는 어렵지만 저에게 물과 양분을 주신다면 A사의 마스

코트가 되기 위해 열심히 노력하겠습니다.

┈▸ 이런 〈지원동기〉를 보고 감동할 인사담당자는 없다. 인사담당자는 감성에 이끌려 무작정 꿈을 키운 지원자를 가장 먼저 걸러낸다. 직업에 대한 환상을 갖고 있으면 조기 퇴사로 이어지기 때문이다. 화려한 겉모습에 취해 지원했다는 인상을 주지 말고, 이성적이고 논리적인 느낌을 어필하라.

● 예시 7 – 단순 인용 NO!

A사 대표님께서 '○○은 ○○이다'라고 이야기한 인터뷰 기사를 보았습니다. 기사에서 대표님은 무엇이 얼마나 중요한지에 대해 말씀하셨습니다. 이 말은 곧 회사가 앞으로 나아가야 할 방향이라고 생각했고 평소 저의 생각과 일치하기 때문에 지원합니다.

┈▸ 위 예시는 신문 기사를 인용해 지원동기를 전달했는데, 이를 본 인사담당자는 다음과 같이 생각할 수 있다. '기사 하나만 보고 회사를 정하다니. 매우 즉흥적이고 무책임하군.' 홈페이지 문구나 신문에 있는 기사를 재해석 없이 그대로 인용하는 것은 안 좋다. 의미 없는 '붙여넣기'는 피해야 한다.

● 예시 8 – 무작정 외국어 사랑 NO!

제가 A사에 지원한 이유는 채용공고를 보고 독일어 전공을 활용할 수 있겠다는 생각이 들었기 때문입니다. 저는 외국어 고등학교에서 독일어를 전공하고 대학에서는 부전공을 했습니다. 3학년 때는 교환학생으로 독일에 가서 꾸준히 독일어를 공부하고 좋아했습니다. 독일어와 독일문화에 대한 관심을 바탕으로 막연하지만 간절한 바람이 있어서 지원했습니다.

┅→ 외국계 회사에 지원할 때 이런 실수를 하는 지원자가 꽤 된다. 막연히 그 나라와 언어가 좋아서 지원한다는 내용은 인사담당자를 설득하기 어렵다. 직장생활에서 언어는 목표가 아니라 도구다. 언어를 활용해 어떤 성과를 낼 것인지를 적어야 한다.

〈지원동기〉는 자기소개서의 성패를 결정짓는 항목이다. 그렇다면, 호감 가는 〈지원동기〉는 어떤 것일까? 사례를 통해 알아보자.

| **추천 예시 1** | 스마트폰 비교 평가 1위 베가넘버6 : 베가넘버6처럼 시장에서 호평받는 스마트폰을 만들고자 지원했습니다. 최근 출시된 스마트폰 5개를 비교해보니, 베가넘버6는 최신 사양과 합리적 가격 면에서 매우 우수했습니다. 저 역시 P사 H/W 연구개발팀 일원으로 높은 기술력과 가격 경쟁력을 지닌 풀HD 스마트폰 개발에 동참하고 싶습니다.

소비자의 니즈를 아는 스마트한 엔지니어 : 궁극적으로 회사의 매출에 기여하는 개발자가 되겠습니다. 이를 위해 대학시절 전공 공부는 물론 소비자 이해에 주력했습

니다.

① 반도체 및 디스플레이 트랙을 이수하면서 H/W 개발자로서 소양을 쌓았고, 벤처 창업동아리에서 활동하며 LCD 관련 실용신안을 출원했습니다.

② 휴대폰LCD 윈도우 제조업체에서 아르바이트를 하면서 H/W 개발자에게 필요한 팀워크와 끈기를 키웠습니다.

③ 소비자 행동론과 소비자 심리학 수업을 수강하고, IT전문 뉴스 블로그 '블로터닷넷'을 꾸준히 챙겨 읽으며 소비자의 니즈를 이해하기 위해 노력했습니다.

입사 후에도 소비자의 목소리에 귀 기울이는 H/W 개발자로서 P사의 미션(기술의 범용화를 통한 인류생활의 편의증대)에 기여하겠습니다.

| 추천 예시 2 | **인재경영방침에 발맞추겠습니다** : 우수 연구개발 인력을 채용함으로써 B사의 R&D 경쟁력 강화에 일조하겠습니다. 2년 전 화장품회사 채용담당자가 되겠다는 목표를 세운 후 업계 소식을 챙겨보는 습관을 가졌습니다. 그중 '화장품 업계 인력구조 보고서'를 통해 B사의 공격적인 인재경영방침을 알았습니다. 회사에 대한 관심은 본사방문으로 이어졌고, 우수 연구개발 인력 확보야말로 시장선도의 비결임을 깨달았습니다.

화학과 조직심리학을 더했습니다 : 채용담당자에게 가장 필요한 역량은 기업문화에 맞는 인재를 뽑는 것이라고 생각합니다. 저는 주 전공이 화학입니다. 20여 차례의 팀 프로젝트 활동과 연구실 보조 사무원 경험으로 화장품 R&D 인재와 소통할 수 있는 자세를 키웠습니다. 부족한 인사지식은 조직심리학을 복수전공하고 HR실무전

문가 이러닝 교육과정을 들으면서 보강했습니다. 또한 공인노무사 자격증에 도전해 노동법을 공부했습니다. 비록 1차 합격에 그쳤지만, 관련 지식을 효율적인 인사제도 운영에 활용할 수 있도록 쉼 없이 자기계발을 하겠습니다.

K-뷰티 선도에 이바지하겠습니다 : 지난해 홍콩에서 열린 '코스모프로프 홍콩'에 참가해 K-뷰티에 대한 세계적인 관심을 확인했습니다. 이곳에서 저의 비전을 확고히 다졌습니다. 우수한 감수성을 보유한 인재를 확보함으로써 B사가 K-뷰티를 선도하는 데 기여하는 것입니다. 기초화장품연구소, 색조화장품연구소, 발효한방연구소 등 각 기관 특성에 맞는 인재를 채용하고 육성하겠습니다.

〈추천 예시 1, 2〉는 자신의 역량을 바탕으로 회사에 기여하고자 하는 바가 구체적으로 나타나 있다. 그 회사 사업전략이나 현황을 고려해서 작성한 점도 돋보인다. 예시처럼 멋진 경험이 없다고? 경험이 중요한 게 아니라 직무와 회사에 대해서 얼마나 알고 있느냐, 나아가 그 회사에서 무엇을 하고 싶은지 찾는 게 더 중요하다. 〈추천 예시 1, 2〉를 작성한 사람들이 대단히 뛰어난 사람이라고 생각하지 않는다. 차이가 있다면 한 번이라도 더 회사에 대해서 알아보려고 노력했다는 점이고, 그렇게 찾다 보니 자기가 할 일이 무엇인지 한 번쯤 고민해 보게 되었다는 점이다.

CJ그룹 신입사원 3인의 지원동기

CJ프레시웨이 푸드 디스트리뷰션 박천호(경희대 국제학과 졸 · 29)

"전 국제학과 전공에 무역학과 복수전공, 체육학까지 부전공하면서 학교를 10년 다녔어요. 또 중국으로 1년간 교환학생도 갔고요. 중국 음식을 1년 동안 먹으면서 식자재의 위생이 얼마나 중요한가를 알게 됐고 그래서 CJ프레시웨이에 지원했죠. 제가 합격한 CJ프레시웨이의 푸드 디스트리뷰션 직무는 질 좋은 식자재를 신선하게 공급하는 곳이거든요."

CJ E&M 방송콘텐츠 이현영(이화여대 영어영문학과 졸 · 27)

"저는 원래 방송일이 늘 하고 싶었어요. 그러다 CJ E&M의 여러 콘텐츠를 보면서 CJ에서 일하고 싶다는 생각이 들었죠. 그리고서는 본격적으로 입사 준비를 위해 방송트렌드를 분석했어요. 특히 E&M의 다양한 콘텐츠를 계속 연구했고요."

CJ푸드빌 기획관리 김태윤(중앙대 경영학부 졸 · 24)

"우리나라 최고의 외식 브랜드를 만들기 위해 CJ푸드빌에 입사계획을 세우고 눈에 보이는 구체적인 역량을 준비했어요. 재경관리사, 투자자산운용사 등 재무 · 회계관련 자격증을 6개나 땄죠. 토익은 935점, 토익스피킹은 6급이었어요. 그밖에도 평소 말하는 거에 익숙하지 않아 프레젠테이션 연습을 많이 했어요. 1년이 넘게 스터디를 하면서 계속 모의 PT를 했죠."

* 출처 : 한경 잡앤스토리(www.jobnstory.com)

자기소개, 대본이 아니라
개요를 짜라

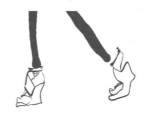

'내가 쓴 책을 가지고 싶다면? 책 쓰기 교실에 도전하세요!'

2009년 1월 첫 책을 낸 나는 좋은 책을 쓰고 싶다는 열망이 더욱 강해졌다. 그때 한 통의 메일은 내게 단비 같았다. 한 모임공간 서비스 업체가 책 쓰기 교실 프로그램에 무료로 참여할 수 있는 장학생을 모집한 것이다. 간절한 마음이 통해서인지 기회를 얻었고, 이후 나는 100일 동안 책 쓰기에 필요한 다양한 노하우를 배울 수 있었다.

특히 오리엔테이션에 참가했을 때의 설렘은 지금도 생생하다. 그 자리는 책 쓰기 열의에 가득 찬 22명의 장학생들과 우리를 지도해주실 교수님의 열정으로 후끈 달아올랐다. 오리엔테이션 참가 전 사전 과제가 하나 주어졌는데 다름 아닌 '5분 이내 자기소개'였다. 교수님은 한 명 한 명 자기소개를 마칠 때마다 책 쓰기 방향을 이끌어주셨다. 특히 그 자리에서 의미 없는 자랑을 늘어놓거나 책 쓰기와 무관한 이야기를 꺼내면 날카롭게 피드백을 해주셨기 때문에 나 역시 입이 바짝 타 들어갔다. 첫 만남의 순간인 만큼 부담감과 기대감이 교차하는 시간이었다. 그런데 발표가 끝난 후 나는 생각하지도 못했던 칭찬을 들었다. 전개방식이 좋다는 평이었다. 기억을 더듬어보면 나는 다음과 같이 5분 동안 자기소개를 했다.

① 안녕하세요. 신길자입니다.

② 먼저 훌륭하신 교수님과 매력 있는 동기들을 만날 수 있도록 기회를 주셔서 감사드립니다.

③ 저는 취업컨설턴트로 활동하고 있습니다. 대학과 기관에서 취업준비생들을 만나 그들의 취업을 돕고 있습니다. 주로 진로설정이나 취업전략에 대한 강의와 상담을 진행합니다.

④ 올 초 대학교 저학년들을 위한 취업 가이드 〈취업의 비밀〉을 출간했습니다. 처음 책을 쓰다 보니 부족한 점을 많이 느꼈는데요. 두 번째 책은 좀 더 담금질한 후 도전하고 싶어 책 쓰기 교실의 문을 두드렸습니다.

⑤ 제가 쓰고 싶은 책은 취업 자기계발서입니다. 상담을 하면서 느낀 것이 하나 있습니다. 구직자들에게 꼭 필요한 것은 취업정보뿐 아니라 지치지 않고 취업준비를 할 수 있도록 동기부여를 해주는 것이었습니다. 현재 취업을 주제로 삼은 자기계발서는 많지 않습니다. 기존의 취업서적은 대부분 정보 위주이고요. 자기계발서는 직장인을 대상으로 한 책이 많습니다. 특히 신입사원들의 고민을 살갑게 풀어낸 작품 〈장미와 찔레〉를 읽고, 이러한 콘셉트를 살려 대학생들을 위한 책을 쓰고 싶다는 목표가 생겼습니다.

⑥ 제 글쓰기 멘토는 신달자 시인입니다. 어릴 때부터 가장 많이 들었던 말이 있습니다. 바로 '신달자 시인과 어떤 관계냐'라는 물음입니다. 그 말을 계속 듣다 보니 그분에 대한 궁금증이 일었고, 여러 작품을 찾아보았습니다. 이는 자연스럽게 글쓰기에 대한 관심으로 이어졌습니다. 저는 시인처럼 글로 소통하는 사람이 되겠다는 꿈을 갖고 인터넷 신문 기자와 취업사이트 홍보 담당자를 거쳐 현재는 취업카페 '언니의 취업가게'를 운영하며 구직자들과 소통하고 있습니다.

⑦ 지난해 저자 특강에서 신달자 시인을 가까이에서 뵌 적이 있었습니다. 강연이 끝난 후 팬들이 사인을 받고자 길게 줄 서 있었는데요. 대기 시간을 줄이기 위해 주최 측은 메모지에 이름을 적어 내밀도록 했습니다. 제 순서가 되었습니다. 그때 '신길자' 이름 석 자가 적힌 메모지를 보고 시인이 고개를 들어 저를 바라보셨습니다. 그 순간 첫사랑을 만난 것처럼 심장이 두근거렸습니다. 저는 시인께 30년 동안 선생님과 무슨 관계냐는 말을 가장 많이 듣고

살았다는 이야기를 전했습니다. 그러자 시인이 "젊은 나이에 이 이름 갖고 사느라 고생 많았다."며 어깨를 두드려주셨습니다. 그렇게 시인을 만난 이후 좋은 글을 쓰고자 하는 열망은 더 강해졌습니다.

⑧ 요즘 취업이 정말 어렵습니다. 좋은 대학 들어가는 것보다 좋은 기업 들어가는 게 더 힘들다고 말할 정도로 경쟁이 치열합니다. 대학생을 비롯한 구직자들이 취업 때문에 상처 받고 용기를 잃는 모습을 볼 때면 참으로 안타까웠습니다.

⑨ 이곳으로 오는 길에 지하철에서 신문을 보았습니다. 눈에 띈 기사가 하나 있었는데요. 베스트셀러 수험서 〈언어의 기술〉을 펴낸 대학생이 계약금과 인세 100여만 원을 기부했다는 내용이었습니다. 그 기사를 보고 목표가 더욱 확고해졌습니다.

⑩ 책 쓰기 교실 프로그램에 열심히 참여해서 구직자에게 힘과 용기를 주는 책을 쓰겠습니다. 그리고 그 대학생처럼 제가 받은 인세를 기부하는 행운을 누리고 싶습니다. 고맙습니다.

참 신기하다. 몇 년이 지난 지금도 나는 그날의 자기소개가 생생하게 기억난다. 그 이유가 있다. 그때 내가 한 말은 모두 내 마음에서 꺼냈기 때문이다. 나는 오리엔테이션을 위해 대본을 따로 만들지 않았다. 단지 주어진 4~5분의 시간 동안 중언부언하지 않기 위해 개요를 짰을 뿐이다. 생각과 경험을 토대로 이야기를 하니 따로 외울 것도 없었다. 그럴듯한 명언을 얹고 싶은 욕심은 버렸다. 그간의 경험상 어려운 명언을 쓰기로 마음먹으면 외워야 한다는 강박감에 긴장도가 높아졌기 때문이다.

대본을 쓰지 않고 개요를 짜두면 두 가지 좋은 점이 있다. 외워야 한다는 부담감을 버릴 수 있고 그날의 분위기를 보면서 메시지를 넣었다 뺐다 할 수 있다는 점이다. 당신도 잘 알 것이다. 외운 자기소개가 얼마나 어색한지 말이다. 특히 ⑨번의 메시지는 실제로 그날 지하철에서 읽었던 기사 가운데 인상적인 부분을 언급한 것이다. 만약 다른 기사를 보고 다른 것을 느꼈다면, 그에 따라 ⑨와 ⑩의 내용은 모두 바뀌었을 것이다.

만약 자기소개 시간이 1분이었다면 다음의 예시처럼 상황에 따라 분량을 줄였을 것이다.

● **예시 1 – 제한 시간 1분**

① 안녕하세요. 취업컨설턴트 신길자입니다. ② 먼저 훌륭하신 교수님과 매력 있는 동기들을 만날 수 있게 기회를 주셔서 감사드립니다. ④ 올 초 대학생들을 위한 취업 가이드 〈취업의 비밀〉을 출간했습니다. 책을 쓰면서 부족한 점을 많이 느껴 책 쓰기 교실의 문을 두드리게 되었습니다. ⑤ 제가 쓰고 싶은 책은 취업 자기계발서입니다. 신입사원들의 고민을 살갑게 풀어낸 작품 〈장미와 찔레〉를 읽고, 이러

한 콘셉트를 살리고 싶다는 생각을 했습니다. ⑥ 제 글쓰기 멘토는 신달자 시인입니다. ⑦ 지난해 시인의 강연회에 참석한 후 좋은 글을 쓰고자 하는 열망이 더 강해졌습니다. ⑨ 오늘 조간신문을 보니 인상적인 기사가 있었습니다. 베스트셀러 수험서를 펴낸 대학생이 계약금과 인세를 기부했다는 내용이었습니다. ⑩ 저 역시 책 쓰기 교실 프로그램에 열심히 참여해서 그 대학생처럼 인세를 기부하는 행운을 얻고 싶습니다. 고맙습니다.

● 예시 2 - 제한 시간 1분

① 안녕하세요. 취업컨설턴트 신길자입니다. ④ 올 초 대학교 저학년들을 위한 취업 가이드 〈취업의 비밀〉을 출간했습니다. 처음 책을 쓰다 보니 부족한 점을 많이 느꼈는데요. 두 번째 책은 좀 더 담금질한 후 도전하고 싶어 책 쓰기 교실의 문을 두드렸습니다. ⑥ 제 글쓰기 멘토는 신달자 시인입니다. 어릴 때부터 가장 많이 들었던 말이 있습니다. 바로 '신달자 시인과 어떤 관계냐'라는 물음입니다. 이러한 물음이 자연스럽게 시인처럼 글로 소통하는 사람이 되겠다는 꿈을 갖게 했습니다. 저는 인터넷 신문 기자와 취업사이트 홍보담당자를 거쳐 현재는 취업카페 '언니의 취업가게'를 운영하며 구직자들과 소통하고 있습니다. ⑩ 책 쓰기 교실 프로그램에 열심히 참여해서 구직자에게 힘과 용기를 주는 책을 쓰겠습니다. 그리고 제가 받은 인세를 기

부하는 행운을 누리고 싶습니다. 고맙습니다.

물론 나의 자기소개가 매우 뛰어난 것은 아니다. 자기소개 전개방식에 뚜렷한 공식이 있는 것도 아니다. 자신만의 방법으로 개성과 의지를 전달하면 된다. 단, 한 가지를 주의해야 한다. 바로 TPO를 고려하는 것이다. TPO는 시간(Time)·장소(Place)·상황(Occasion)의 줄임말이다. TPO만 신경 쓴다면 누구나 멋진 자기소개를 할 수 있다. 만약 자기소개를 어떻게 풀어야 할지 고민이 된다면 내 전개방식에서 힌트를 얻을 수 있을 것이다. 내가 어떻게 개요를 짰는지 간단하게 소개하겠다.

① 인사말을 건넨다.

② 좋은 기회를 얻었으니, 고마움을 담아 주최 측에 감사의 말을 전한다.

③ 직업을 소개한다. 내 직업이 생소한 이들도 있으니 무슨 일을 하는지 간단하게 덧붙인다.

④ 내가 왜 책 쓰기 교실에 지원했는지, 나만의 이유를 설명한다.

⑤ 내가 쓰고 싶은 책이 무엇이고, 왜 그런 생각을 했는지 말한다.

⑥ 내가 글쓰기에 관심을 갖게 된 동기를 소개하고 글쓰기 역량을 쌓기 위한 노력을 소개한다.

⑦ 최근 에피소드를 전달함으로써 분위기를 환기시킨다. 내 경우는 신달자 시

인 강연회 에피소드를 골라 내 이름을 한 번 더 새길 수 있도록 했다.

⑧ 내 주변 상황이나 사회 이슈를 통해 책 쓰기 명분을 다시 한 번 강조한다.

⑨ 오늘 이슈를 활용해 책 쓰기에 대한 열정을 다시 한 번 강조한다.

⑩ 책 쓰기에 대한 열망을 담아 마무리를 한다.

이처럼 10가지 단계를 통해 5분 자기소개를 완성했다. 구직을 위한 자기소개를 한다면 이 내용을 다음과 같이 바꿀 수 있다.

① 인사말을 건넨다.

② 좋은 기회를 얻었으니, 고마움을 담아 면접관께 감사의 말을 전한다.

③ 면접관의 주의를 끌 수 있도록 나만의 경쟁력을 짧게 말한다.

④ 내가 왜 이 회사에 지원했는지, 나만의 이유를 설명한다.

⑤ 내가 하고 싶은 일은 무엇이고 왜 그런 생각을 했는지 말한다.

⑥ 희망하는 일을 잘하기 위해 어떤 것을 준비했는지 전달한다.

⑦ 중요한 에피소드를 전달함으로써 분위기를 환기시킨다. 시점이 최근이라면 더욱 좋다.

⑧ 주변 상황이나 사회 이슈 등을 통해 포부에 대한 명분을 강조한다.

⑨ 오늘 이슈를 활용해 입사의지를 전한다.

⑩ 훈훈한 마무리로 입사 열망을 강조한다.

위 단계는 자기소개 시간에 따라 줄일 수 있다. 자기소개 시간이 1분 내외라면 ①과 ④, ⑥, ⑩을 뼈대로 삼고 나머지는 자신의 스토리에 따라 가감하면 된다.

쇼핑호스트에게 배우는 자기PR 노하우

지원자의 자기PR을 바라보는 면접관의 눈이 갈수록 날카로워지고 있다. 진솔함은 사라지고 과장된 표현과 암기실력만 늘었기 때문이다. 한 은행 인사담당자는 "많은 지원자들이 강력한 인상을 심어주기 위해 삼행시를 짓거나 '산소 같은 여자' '차세대 파이어니어' 등 상징적인 단어를 사용해 자신을 표현한다. 우리 회사는 이처럼 외운 듯 어색한 화법 대신 있는 그대로 얘기하는 것을 더 선호한다."고 강조했다. 그렇다면 면접관에게 호감을 주는 자기PR 노하우는 어떤 게 있을까? 쇼핑호스트에게 배워보자.

임효진 쇼핑호스트는 PD로 입사해 쇼핑호스트가 된 드문 이력을 갖고 있다. 그녀는 어떻게 쇼핑호스트가 되었을까? 색다른 자기소개 덕분이었다. 전 직원이 모이는 월례회의 시간, 다른 신입사원들이 머뭇거리며 평범한 이야기를 꺼낼 때 그녀는 이렇게 자신을 소개했다.

"선배님들, 제 옷 좀 봐주세요! 어때요? 좀 어색하죠? 바로 얼마 전까지 학생 신분이었던 터라 직장인다운 옷이 하나도 없더라고요. 어제 급하게 아는 언니한테 빌린 옷이에요. 사실은 지금 제가 이 옷과 똑같아요. 아직 아는 것도 없고 사회생활도 처음이라 이 빌린 옷처럼 어색하기만 합니다. 하지만 빨리 배워서 LG홈쇼핑에 꼭 맞춘 옷 같은, 꼭 필요한 후배가 되겠습니다. 저 기억하시고 저 보면 많이 알려주세요! 아는 건 없지만 하나만 가르쳐 주셔도 열은 할 수 있습니다!"

임PD의 풋풋하면서도 당찬 자기소개는 그 자리에 있던 선배들의 시선을 확 끌었다. 쇼핑호스트 팀장 역시 그녀에게 호감을 갖고 눈여겨 본 계기가 자기PR이었다고 한다. 이처럼 멋진 자기소개는 짧은 시간 동안 자신의 매력을 어필하는 데 매우 유용하다.

이쯤에서 '아하!' 하며 임PD의 자기PR을 탐내는 이들이 있을지도 모르겠다. 하지만 이 내용을 베끼면 큰일 난다. 보통의 회사는 홈쇼핑업체보다 보수적이고, 면접용 자기소개와 신입사원 자기소개는 접근방향이 다르기 때문이다. 하지만 그녀의 자기PR에서 우리가 벤치마킹할 점은 분명 있다.

❶ 긴장되는 상황에서도 주눅 들지 않고 자신의 매력을 어필한 점 ❷ 그럴듯한 명언이나 포장된 미사여구가 아니라 살아 있는 자신의 이야기를 꺼냄으로써 눈길을 끈 점 ❸ 겸손과 패기라는 두 마리 토끼를 한 번에 잡은 점 ❹ 신입사원에게 꼭 필요한 '배우려는 자세'를 어필한 점 등이 그렇다.

핵심은 이거다. 이야기 소스를 당신 안에서 꺼내는 것! 당신의 체취가 묻어나는 자기PR만이 면접관의 호감지수를 높인다.

당락의 고비에 있는 당신, 점수를 만회하는 면접 비결

면접관은 지원자를 '합격 지원자', '애매한 지원자', '불합격 지원자'
로 바라본다. 자세한 내용을 살펴보자.

❶ 합격 지원자 : 서류만 봐도 매우 쓸 만하군. 꼭 뽑자.

┈▸ 대체로 우호적인 분위기에서 면접이 진행된다. 한두 개 질문을 던진 후 원하는 역
   량을 발견하면 별다른 질문을 하지 않을 수도 있다. 질문을 적게 받은 지원자는
   자신의 매력을 전달하지 못했다고 허탈해할 수도 있는데 걱정 말라. 질문의 개수

는 합격/불합격을 가르는 기준이 아니다. 질문을 많이 받고 면접관의 얼굴에 미소가 떠나지 않았다고 해서 낙관하지도 말고, 반대의 경우라고 해서 우울해하지도 말라. 다이아몬드는 어디서든 눈에 띄기 마련이다.

❷ 애매한 지원자 : 서류만 봐서는 잘 모르겠군. 심층적으로 살펴보자.

┈▸ 때로는 1번 지원자에 비해 더 많은 질문을 받는다. 눈에 띄는 원석은 아니지만 활용도가 높은 큐빅 지르코니아일 수도 있기 때문이다. 이런 지원자는 심층 질문을 통해 꼼꼼한 검증을 거친다. 다음은 심층 질문의 예시다.

▷살면서 가장 큰 실수는 언제 저질렀나 ▷구체적으로 어떤 상황이었고 어떻게 해결했나 ▷그런 일이 생긴 요인을 무엇이라고 생각하나 ▷같은 실수를 반복하지 않기 위해 그동안 어떤 노력을 했나 ▷앞으로는 어떤 노력을 기울일 계획인가

❸ 불합격 지원자 : 어떻게 서류통과를 했을까. 면접비나 주고 보내자.

┈▸ 면접관에 따라 면접장 분위기가 크게 다를 수 있다. 지원자의 준비되지 않은 모습에 실망해 화를 내는 면접관도 있고, 다른 곳에서는 잘하라는 뜻으로 조언을 해주기도 한다. 반면 화기애애한 분위기를 조성한 다음 짧게 면접을 끝내는 경우도 있다. 어차피 안 뽑을 지원자이니, 안티고객으로 만들지 않기 위해서다.

이 중 가장 큰 비율을 차지하는 유형은 '애매한 지원자'다. 서류를 통과한 이상 엉성한 지원자는 그리 많지 않다. 오늘도 면접관은 수

많은 '애매한 지원자'들 사이에서 옥석을 가려내기 위해 고군분투하고 있다. 이 상황에서 당신이 최종 합격을 거머쥐려면 어떻게 해야 할까? 쉿! 7가지 방법을 공개한다.

첫째, 말의 순서를 바꾸어라

●

나는 하루에도 몇 차례 콜 센터 상담원의 전화를 받는다. 그들의 이야기는 대개 다음과 같다.

> ① "고객님, 저희 회사가 어떤 곳과 제휴를 맺었고~ 어떤 서비스가 나왔고~"
> ② "고객님, 갖고 계신 포인트 5천 점을 케이크 교환권으로 바꿔드리겠습니다."

자, 당신은 ①과 ② 중 어떤 것이 솔깃한가? ①과 같은 이야기를 5초 이상 듣고 있는 고객은 드물 것이다. 고객은 바쁘기 때문이다. 그 회사가 어떤 곳과 제휴를 맺었는지 관심도 없다. 하지만 ②는 다르다. 공짜로 케이크를 준다는데 약간의 광고쯤은 귀를 열고 들어줄 수 있지 않겠는가. 만약 ①의 상담원이 ②처럼 케이크 교환권을 제공하고자 했다면 그는 한 가지를 잘못했다. 말의 내용이 아니라 순서 말이다.

우리는 이 전략을 면접 때 활용해야 한다. 면접관은 바쁘다. ③처럼 무작정 자신의 이력과 스토리를 늘어놓으면 당장 귀를 닫으려 할 것이다. 그가 관심 있는 것은 오직 하나! 당신을 뽑았을 때 생기는 이익과 손해다. 면접관의 주의를 모으려면 ④처럼 말해야 한다.

③ "면접관님, 저는 이런 자격증을 갖고 있고~ 토익 성적은 이러하며~"

④ "면접관님, (저를 뽑으시면) 회사에 이런 기여를 하겠습니다. 저는 (다른 지원자들 대비) 이런 경쟁력이 있기 때문입니다."

둘째, 면접 순서를 고려하여 말하라

●

한번은 취업커뮤니티에 올라온 면접합격후기를 보고 그 지원자의 재치에 반한 적이 있다. 지원자가 면접 때 답한 내용의 일부를 소개하면 다음과 같다.

Q. 월급을 받게 되면 무엇을 할 것인가요?
A. 어떤 음식 좋아하십니까? 혹시 곱창 좋아하신다면 제가 좋은 곳으로 모시겠습니다.

Q. 면접비를 받으면 무엇을 할 것인가요?

A. 그대로 가지고 있다가 첫 출근 때 비타민음료 한 병씩 돌리겠습니다.

Q. 키랑 덩치 때문에 굉장히 무뚝뚝할 것 같은데 실제론 어떤가요?
A. 제가 비록 남자지만 만약 애교 선발대회라는 것이 있다면 당당히 1위 할 자신 있습니다.

Q. 회사에서 잦은 야근을 요구한다면 어떻게 대처하실 겁니까?
A. 지하철 끊어지기 전에는 야근이라고 생각하지 않기 때문에 괜찮습니다.

Q. 사내연예에 대해 어떻게 생각하십니까?
A. 걱정 안 하셔도 됩니다. 김태희, 한가인이 오빠라고 하며 콧소리를 내도 일에만 집중하는 모습을 보여드리겠습니다.

재기발랄함은 면접관의 마음을 사로잡았다. 만약 내가 면접관이었다 해도 이 지원자를 눈여겨보았을 것이다. 그런데 이처럼 개성 있게 답한 이유는 따로 있었다. 그가 쓴 글을 직접 보자.

제가 특이함으로 승부를 봐야 했던 이유는 평범한 스펙과 눈에 띄는 외모도 있었지만 또 다른 이유는 면접 순서였습니다. 이름 때문에 항상 면접 후반부에 참여를 했었고, 가장 끝 쪽에 위치해서 나중에 자기소개를 하곤 했습니다. 면접관은 하루 종일 많은 말을 듣고 지쳐 있을 테니, 앞 사람들처럼 평범하게 임하면 불리할 거라 생각했습니다. 그래서 개성 있게 답하기로 한 것입니다.

그렇다. 그는 단순히 튀고자 했던 것이 아니라 자신의 상황을 고려해서 전략을 짠 것이다. 나의 그의 답변보다 이러한 자세가 더 좋다. 주어진 상황을 수동적으로 받아들이지 않고 자신이 노력할 것은 없는지, 한 번 더 고민하고 심혈을 기울이는 태도 말이다. 당신도 이렇게 노력하라. 깊은 우물에서 퍼 올린 생각이야말로 당신을 '합격 지원자'로 만드는 비결이다.

셋째, 표정이 이미 말을 하고 있다!

●

한 달 전에 구직활동을 하고 있는 승아 씨가 연락을 했다.
"선생님, A회사에서 서류 통과했다고 면접을 보러 오래요."
"와, 정말 축하드려요."
"그런데 걱정이 하나 있어요."
사연인즉 그랬다. 그녀는 전형적인 주걱턱으로 날카로워 보이는 인상을 가지고 있었다. 여러 차례 면접에서 탈락하자 고민 끝에 양악수술을 받기로 했는데 하필 면접 일자가 수술 날짜랑 겹친 것이다.

"어차피 떨어질 텐데 굳이 면접을 봐야 하는지 모르겠어요."

"떨어질지 어떻게 알아요? 그리고 승아 씨 말대로 어차피 떨어질 거라면 하고 싶은 말이라도 실컷 하고 오는 게 좋지 않을까요? 수술이야 다음에 받으면 되는 거고요. 대신 주눅 들지 마세요. 그동안 열심히 준비했잖아요."

그녀는 면접을 보러 가기로 했다. 혼자서 가슴앓이 하느니 속이라도 후련해지게 고백이라도 해야겠다며 목소리를 높였다. 어차피 떨어질 것이라고 생각했던 승아 씨는 어떻게 되었을까? 그녀는 기쁜 목소리로 합격 소식을 전해 왔다. 물론 수술예약은 당장 취소했다.

여자는 남자보다 외모에 대한 걱정이 크다. 나는 취업상담을 하면서 성형수술을 심각하게 고민하는 여자를 많이 보았다. 하지만 취업의 가장 큰 장애물은 못난 외모가 아니다. 시무룩한 표정과 태도가 불합격을 부른 것이다. 자신의 각진 얼굴형과 사나운 눈매, 넓은 모공을 탓하기 전에 먼저 표정과 목소리를 살펴라. 밝은 표정과 목소리로 인사만 잘해도 사교적이고 적극적이며 일도 잘할 거란 인상을 준다. 단시간에 얼굴뼈를 바꿀 수는 없지만 표정은 바꿀 수 있다. '카메라 밥'을 먹으면 얼굴이 예뻐진다고 하니, 휴대폰 카메라를 들고 활짝 웃는 연습을 하라. 멀쩡한 얼굴에 칼을 대려 하지도 말고, 다이어트에 집착

하지도 말자. 그럴 시간에 회사의 인재상에 맞춰 발로 뛰며 준비하자. 내면이 당당하고 자신감 있을 때 얼굴에 생기가 넘치는 법이다.

넷째, '맞춤형 케이크'를 준비하라

●

얼마 전 결혼한 배우 전지현은 예비 시할머니의 생일에 직접 만든 케이크를 선물했다. 하늘색 2단 케이크에는 연분홍 한복 드레스를 입고 머리를 곱게 땋은 바비 인형이 올려 있었다. 왜 하필 한복 드레스를 입은 인형일까? 바로 그녀의 시할머니인 이영희 씨가 한복 디자이너이기 때문이다. 이처럼 살뜰한 외손주 며느리를 어찌 예뻐하지 않겠는가. 이영희 디자이너는 "지난달 내 생일이었는데 케이크 위 바비 인형에다가 한복을 입혀서 만들어 왔다. 케이크 하단에는 내 이름이 새겨져 있었다. 정말 센스 있는 아이다."라며 전지현을 칭찬했다.

이런 센스는 당신도 갖추었을 것이다. 상대를 배려하고 살뜰히 챙기는 것은 여자의 장점 아닌가? 당신도 면접관을 감동시킬 세상에 단 하나뿐인 맞춤형 케이크를 준비하라. 그 케이크는 매장답사일 수도 있고, 실무자 인터뷰일 수도 있고, 설문조사일 수도 있고, 포트폴리오일 수도 있다. 물론 진짜 케이크여도 상관없다. 케이크를 어떻게 채우고 장식할지 고민하는 사이 당신의 눈빛은 애사심으로 더 빛날 것이다.

다섯째, 직장생활 간접체험으로 대비하라

●

〈하늘을 나는 여우, 스튜어디스의 해피플라이트〉를 보면 많은 승객 유형이 나온다.

- 기내식에 불만을 품고 음식을 통로에 던지는 승객
- 지상직원이 옆자리를 비워준다고 했는데 왜 외국 승객을 앉혔냐고 항의하며 비행기에서 내리겠다는 승객
- 허리가 아프다는 핑계로 몰래 비즈니스 클래스 좌석에 들어와 잠든 승객
- 배가 고프니까 자신에게 먼저 식사를 주고 나중에 서비스를 시작하라는 승객
- 장거리 비행에 꼭 필요한 귀중한 생수를 세수하고 발 씻고 화장실을 홍수로 만드는 승객

현장에서 이런 고객을 만난다면 정말 당황스러울 것이다. 하지만 평소 선배에게 조언을 구하고 관심을 기울여온 승무원이라면 현명하게 대처할 수 있을 것이다. 면접도 마찬가지다. 입사 후 벌어질 일에 대해 간접체험을 해본 지원자라면, 다양한 면접 질문에 효과적으로 답할 확률이 높다. 책을 읽어도 좋고, 스터디에서 토론을 하거나 교수님께 자문을 구하거나 직장 선배에게 조언을 구하는 것도 좋은 방법이다. 면접관의 다양한 답변에 쉽게 응답할 수 있을 것이다.

여섯째, 맞장구 잘 쳐주는 면접관이 더 무섭다

●

압박면접과 더불어 주의해야 하는 것은 의외로 편한 면접이다. 면접관이 우호적인 분위기를 조성하면 경계심이나 긴장감을 풀고 실수하는 이들이 많기 때문이다. 자신도 모르게 '수다 모드'에 빠지거나 면접관의 맞장구에 휘말려 하지 말아야 할 말을 하는 경우가 그렇다. 26세 소연 씨는 이런 실수 때문에 2번의 면접에서 모두 실패했다. 그녀는 상사와의 마찰로 인해 1년간의 직장생활을 정리하고 구직활동에 나섰는데, 2번 모두 '퇴사 사유'라는 허들에서 걸려 넘어졌다. 소연 씨의 목소리를 직접 들어보자.

"회사생활의 고충을 이해하는 듯한 면접관을 만나면 저도 모르게 예전 회사 흉을 보게 되더라고요. 안 그래야지 하면서도 2번이나 같은 실수를 했어요. 차라리 압박면접이 더 쉬운 것 같아요."

면접에서 좋은 점수를 얻으려면 압박면접과 함께 우호적인 분위기를 경계해야 한다. 호통의 덫에도, 호감의 덫에도 빠지지 말라. 면접관은 당신의 적도 아니지만, 그렇다고 해서 편한 친구도 아니다. 면접장에서 나오는 순간까지 긴장을 풀지 말고 마무리를 잘하자.

일곱째, 남의 답변이 아닌 당신의 답변을 하라

●

얼마 전 남자친구에게 화분 선물을 받았다고 해보자. 화분과 함께 그가 건넨 카드에 다음의 글귀가 적혀 있다면?

"이 화분에는 희귀한 꽃의 씨앗이 심어 있습니다. 씨앗이 자라서 새 싹이 되고 꽃을 피우듯이 저도 당신과의 사랑을 키워서 꽃피우고 싶습니다. 당신은 내 인생 최고의 값진, 희귀한 사랑입니다."

나라면 이런 닭살 이벤트를 생각해낸 그 남자의 성의에 감탄했을지도 모르겠다. 그런데 만일 이 이벤트가 다른 사람의 아이디어였다면 어떨까? 남자친구가 전날 친구들과의 술자리에서 "야, 여자들이 좋아할 만한 이벤트 없을까? 아이디어 좀 내봐." 하며 운을 뗀 후 그 자리에 있던 친구 몇이 술에 취해 안주 삼듯 꺼낸 대화가 닭살 이벤트로 돌변한 거라면 말이다. 아마도 심한 배신감에 부르르 떨지 않을까? 프러포즈에 남의 아이디어가 담기길 바라는 이는 없을 것이다. 면접관도 마찬가지다. 지원자 본인의 생각과 진심이 궁금할 뿐이다. 면접 평가 기준 중 하나가 진짜 당신의 생각인지, 다른 사람의 생각을 단순히 옮겨서 말하는지이다.

최근 들어 상담을 받는 학생들의 모습에서 달라진 게 하나 있다. 과거에는 메모를 했는데, 요즘에는 휴대폰을 꺼내 녹음해도 되냐고 묻는다. 하지만 나는 휴대폰 녹음을 반기지 않는다. 이는 불합격으로 가는 지름길이기 때문이다. 녹음기를 꺼내드는 이들의 공통점은 하나다. 스스로 생각하는 것을 귀찮아한다는 점이다. 학생들이 묻는 질문을 살펴보자.

"A라는 경험을 했습니다. 그런데 B 직무를 지원할 때 어떻게 연결해야 할지 모르겠어요. A 경험을 하면서 무엇을 배웠다고 해야 할까요?"

"C라는 경험을 했는데요. 그 당시에는 별 뜻 없이 그냥 했습니다. 친구들도 다 하니까요. 그런데 면접 볼 때 물어보면 뭐라고 말해야 하죠?"

"전공은 다른데 갑자기 A라는 일이 하고 싶어진 거예요. 면접 때 물어보면 어떻게 설명해야 하죠?"

"그 회사에 대해 아는 것도 없고요. 사실 별로 가고 싶지도 않아요. 그래도 다른 데 떨어질지 모르니까 지원한 건데요. 지원동기를 어떻게 말해야 할까요?"

당신이 인사담당자라면 이런 질문을 하는 지원자를 뽑고 싶은가? 행동은 자신이 해 놓고 동기와 배운 점을 다른 이에게서 찾는 것을 누가 환영할까? 누구보다 그 답을 가장 잘 아는 사람은 당신이다. 여자여! 면접장에서 앵무새가 되길 자처하지 말라. 자신에게 묻고 자신에게 답하라. 남의 말은, 베끼고 녹음할 만큼 중요하지도 않다. 도도함은 바로 이럴 때 쓰는 것이다.

"기획력이 뛰어난 사람은 과제가 주어지고 나서 갑자기 아이디어를 쥐어 짜거나 애써 고민하지 않는다. 그들은 평소에 늘 생각하고 또 생각하기 때문에 머릿속에 '아이디어 서랍'을 많이 갖고 있다. 다방면에 왕성한 호기심을 가지고 정보 수집에 능하다면 기본적으로 아이디어 서랍을 많이 가진 사람이라고 볼 수 있다. 그 속에 거대한 기획과 왕성한 아이디어 보고가 숨어 있는 것이다."

_ 〈20대 공부에 미쳐라〉의 저자 나카지마 다카시

나승연 전 평창동계올림픽 유치위 대변인이 알려주는 영어 프레젠테이션 노하우

1. 여성은 외국어를 할 때 톤이 살짝 올라가는 경향이 있다. 높은 톤은 신뢰를 주기 어렵다.

2. 유창해 보이고 싶은 욕심에 말을 빨리하는 것을 주의하라. 속도가 너무 빠르면 상대방이 알아듣기 어렵다.

3. 너무 어려운 단어는 피하라. 단순하고 발음하기 편한 단어를 사용해야 유리하다.

4. R과 L을 구분하기 위해 너무 굴리듯 발음하는 것은 좋지 않은 습관이다.

5. 문장 끝 단어의 자음까지 또박또박 발음해야 상대가 이해하기 쉽다.

6. 좀 자신이 없어도 자신 있는 척, 당당한 척하라. 스스로가 자신의 메시지에 대해 확신을 갖지 못하면 남을 설득하기 어렵다.

7. 발표 준비 비법은 '읽기, 녹음하기, 듣기'다. 100번을 읽으면 설득력까지 갖출 수 있다.

8. 영어 프레젠테이션을 잘할 수 있는 방법은 영어 실력이 아니라 열정, 자신감, 청중과의 교감이다. 이걸 가능하게 만드는 것은 연습밖에 없다.

어떤 화법으로 당신을 보여줄 건가?
면접에 맞는 화법 5가지

당신은 '나'라는 콘텐츠를 두 가지 방법으로 기업에 보여주게 된다. 하나는 자기소개서라는 글의 형태로, 하나는 면접이라는 말의 형태로. 말은 당신이 준비해온 모든 것을 보여주는 수단이 된다. 같은 선물이라도 어떻게 포장하고 꾸미느냐에 따라 느낌이 달라지듯이 '나'라는 콘텐츠도 적절한 말에 실어서 전달할 때 효과가 배가된다. 면접의 효과를 높이는 화법 5가지를 알아보자.

첫째, 간접화법과 직접화법을 적절히 섞어 써라

●

간접화법	직접화법
과정, 공감을 중시한다.	목표, 핵심사안을 중시한다.
관계 지향적이다.	결과 지향적이다.
원하는 것을 암시하거나 돌려 말한다.	직설적이고 단도직입적으로 말한다.
감정, 느낌, 분위기를 중시한다.	사실, 논리, 명분을 중시한다.
친절하고 온화한 느낌을 준다.	자신감 있고 당당한 느낌을 준다.

　화법을 크게 구분하면 위와 같다. 감정 기능이 발달한 여자는 간접화법을, 사고 기능이 발달한 남자는 직접화법을 많이 사용하는 편이다. 간접화법은 원만한 인간관계를 구축하는 힘을 갖고 있고, 직접화법은 설득이나 협상 등 비즈니스 업무에 적합하다. 무엇이든 넘치면 좋지 않은 법. 간접화법이 지나치면 소극적이고 수동적인 느낌을 줄 수 있다. '아마도, 그럴 것 같다' 등의 애매모호한 표현 역시 비즈니스 세계에서 환영받지 못한다.

　직접화법도 마찬가지다. 직접화법만 너무 고집하면 공격적이고 저돌적이며 거만한 인상을 풍길 수 있다. 둘 다 장단점이 있는 만큼 매력 있는 '소통녀'가 되려면 간접화법과 직접화법을 적절히 믹스해서 사용하자. 그렇다면 면접 때는 어떤 전략을 써야 할까? 먼저 면접관의 성비를 따져보자. 면접관은 남자가 대부분이다. 임원면접에서 여자 면접관을 만나기란 매우 어렵다. 국내 상장사 중 여성 CEO는 1%에 못 미치고, 10대 그룹 상장사의 여성임원은 1.5% 선이니 말 다했다.

면접관과 거리감을 줄이려면 남자가 주로 쓰는 직접화법에 관심을 기울여라. 면접관이 여자라고 하더라도 면접이라는 상황을 감안했을 때 결론과 핵심, 논지를 중시하는 직접화법을 구사할 필요가 있다. 두 가지 화법의 장점을 믹스하라. 호감지수가 높아질 것이다.

둘째, 결론 - 이유 - 사례 순으로 답하라

●

여자는 상대적으로 어휘력이 풍부하다. 같은 내용이라도 적절하고 다양한 단어를 조합해 의사를 표현하는 능력이 있다. 할 말도 많은데, 어휘력까지 갖췄으니 여자가 남자보다 수다삼매경에 빠지는 것은 어찌 보면 당연하다. 이걸 주의해야 한다. 면접관은 며칠에 걸쳐 수많은 지원자를 만나면서 심신이 지쳐 있을 가능성이 높다. 에둘러 말하거나 두서없이 장황하게 말하는 습관은 면접관의 피로를 더할 뿐이다.

자, 생각해보자. 보험컨설턴트가 "우리 상품은요~" 하면서 상품 설명을 장황하게 꺼내면 당신은 차분히 앉아서 그 이야기를 모두 듣고 있겠는가? 간절하게 그 상품을 원하고 있지 않다면 대부분은 컨설턴트의 말허리를 자르고 이렇게 물을 것이다.

"그래서 그 상품이 다른 것에 비해 뭐가 뛰어난 겁니까?"

면접도 마찬가지다. 당신은 자신이 얼마나 그 회사 입사를 원하는지, 얼마나 많은 준비를 했는지 구구절절 전하고 싶겠지만 면접관은 그 말을 들을 여유가 없다. 설사 들었다 해도 기억하지 못한다. 특히 면접 때는 예상하지 못한 변수가 자주 생긴다. '면접 시간이 지체됐으니 짧게 하라'는 주문을 받을 수도 있다. 준비한 것이 많아서 줄이는 데 애 먹는 이들도 많다. 하지만 면접관의 요구사항을 살리는 것도 능력! 하고 싶은 말 '모두'가 아니라 핵심만 말하자. 결론 → 이유 → 사례 순으로 답하는 것이 좋다.

논리적으로 답변하려면 : STAR

STAR는 Situation, Task, Action, Result의 알파벳 첫 글자를 딴 것으로 "~한 경험을 말하라"는 질문을 받았을 때 매우 요긴하다. STAR기법을 활용해 답변하면 다음과 같다.

"어떤 경험을 통해 무엇을 깨달은(배운, 뉘우친 등) 적이 있습니다. 이러한 상황(situation)이었는데, 어떤 과제(task)가 생겼습니다. 이를 위해 이러한 행동(action)을 했습니다. 그 결과(result)는 이러했습니다."

셋째, 이미지를 그릴 수 있도록 구체적으로 말하라

●

JYP엔터테인먼트의 새싹 15&이 걸그룹 선배 미쓰에이를 인터뷰했다. 그중 일부를 한번 살펴보자. 인터뷰 전문은 네이버 스타칼럼에서 볼 수 있다.

Q. miss A 선배님의 목표를 말씀해주세요.

페이 : 앞으로의 활동을 통해 miss A의 진정한 매력을 다시 한 번 보여 드리고 싶어요. 대박! 아자아자!!

민 : 개개인 모두가 자기색깔을 찾고, 그 힘이 모여서 아시아를 대표하는 그룹이 되고 싶어요. 세계를 향해 도전하고 싶어요. 민영아! 그리고 우리 miss A! 항상 열심히 합시다!!

수지 : 아시아를 대표하는 멋진 그룹이 되고 싶어요. 특히! 앞으로도 좋은 앨범 많이 내서 단독 콘서트를 꼭 하고 싶습니다!!

지아 : 아무래도 지금 중점을 두고 있는 아시아를 정복했으면 좋겠습니다! 아시아에서 열심히 활동하기가 목표예요!!

만약 이 상황이 면접이라면, 누가 가장 답을 잘했을까? 잘한 순서를 꼽자면 수지〉민＝지아〉페이 순이다. 페이와 나머지 멤버의 차이는 '구체성'이다. 구체성이란 듣는 사람의 머릿속에 그림이 그려지는 것을 말한다. 한마디로 이해가 쉽다. 페이는 '진정한 매력'을 거론했는데, 이는 추상적이어서 무엇을 말하는지 알기 어렵다. 반면 나머지 멤버는 답변에 구체적인 목표를 담았다. 특히 수지는 민과 지아가 이야기한 '아시아 정복'과 함께 '단독 콘서트'라는 실행 방안을 제시해 구체성을 높였다. 면접 때도 이처럼 구체적인 내용을 언급해야 한다.

넷째, 긍정과 위트 섞기

●

많은 지원자가 긴장해서 자기 역량을 발휘하지 못할 때가 있다. 이때 위트와 재치를 발휘하면 보다 돋보일 수 있다. 2012 미스코리아 美 김영주의 인터뷰 답변에서 힌트를 얻어 보자.

Q1. 19박 20일 동안의 합숙기간 중 가장 힘들었던 점은 무엇인가?

A. 19박 20일 동안 운동화 한 켤레로 지내야 했기 때문에 발 냄새 나는 신발을 계속 신어야 했던 게 가장 힘들었다. (웃음)

Q2. 외모 콤플렉스가 있나?

A. 큰 키가 콤플렉스다. 가끔 내가 승무원이 되고 싶다고 이야기를 하면 주변 사람들이 "비행기 천장에 머리가 닿아서 어떻게 일하니?"

라고 농담을 하는데 그때마다 "저보다 키 큰 남자 승객들은 머리 닿아서 외국도 못나가게요?"라며 말하곤 한다. (웃음)

얼마나 위트가 있나? 질문이 어둡고 부정적이라고 해서 답변까지 꼭 그런 분위기에 빠질 필요는 없다. 질문의 무게에 너무 연연하지 말라. 진지한 태도를 기본으로 하되, 가끔은 유머와 재치로 분위기를 환기시키자. 긍정적인 답변과 태도는 면접관의 마음을 사로잡는 비결이다.

면접에 적합한 말투
(○) ~했습니다 ~입니까? ~라고 생각합니다 ~입니다
(×) ~했어요 ~인가요? ~라고 생각해요 ~인 것 같습니다

다섯째, 'Yes, But' 화법 활용하기

여자 지원자가 가장 부담스러워하는 면접 유형은 무엇일까? 바로 압박면접이다. 깐깐하고 공격적인 면접관을 만나면 얼어서 제대로 말을 못하거나 울컥하는 이가 많다. 반면 직설화법에 익숙한 남자는 면

접관의 말투나 성향보다는 질문의 본질에 관심을 갖는다. 교감을 중시하는 여자와 목적을 중시하는 남자의 모습이 면접 때 고스란히 드러나는 것이다.

면접관의 성향이나 말투에 영향을 받아 실력 발휘를 제대로 하지 못하면 자신만 손해다. 면접관은 당신을 좋아하지도, 싫어하지도 않는다. 다만 테스트를 할 뿐이다. 그렇다면 약점을 파고드는 면접관의 질문에 제대로 답하려면 어떻게 해야 할까? 먼저 면접관의 지적에 반박하지 말고 수긍하라. 그 다음 자신의 의견을 내놓는 것이다. 바로 'Yes, But' 화법이다. 다음 제시된 두 가지 답변을 참고하여 말하면 보다 좋은 인상을 줄 수 있다.

❶ "네, 그렇습니다. (하지만) 그 부분이 부족해서 어떠한 방법으로 보완해가고 있습니다."

❷ "네, 그렇습니다. 그 부분은 부족하지만 상대적으로 이런 부분은 강점이 있습니다."

모르는 문제나 예상하지 못한 질문이 나왔을 때는 어떻게 해야 할까? 상황이나 분위기에 맞게 다음의 방법을 적절하게 활용하라.

❶ 생각할 시간 벌기 - "잠시 생각할 시간을 주시겠습니까?"

❷ 성의 표현하기 – "그 부분은 잘 모르겠습니다. 혹시 제가 준비한 다른 것을 말씀 드려도 되겠습니까?"

❸ 여유 있게 대처하기 – "입사해서 그 부분에 대해서는 마침 공부할 생각이었습니다."

어떤 질문이든 위축되지 않고 당당하게 말하려면 연습이 필요하다. 친구들과 스터디를 꾸려 면접 연습을 한 후 인사담당자가 진행하는 모의면접에 참여할 것을 권한다. 학교 선배나 컨설턴트, 취업지원관의 도움을 받는 것도 유용하다. 어려운 질문이 이어질수록 희망을 가져라. 면접관은 못난 지원자에게는 관심조차 없다. 난처한 질문에도 끝까지 평정심을 잃지 않고 차분히 대응하면 면접관은 당신을 선택할 것이다. '역시 내가 사람 하나는 잘 보는군!' 하며 말이다.

"면접장에서 전혀 예상하지 못한 질문을 하기도 하는데, 이는 지원자의 태도를 보기 위함이다. 이때 엉뚱한 대답을 하거나 회피하기보다는 솔직하게 모름을 인정하고 질문의 뜻이 무엇인지 되묻는 등의 정확한 태도를 보이는 것이 좋다."

– 정유회사 인사부문담당

"압박 면접을 따로 하는 것은 아니다. 여러 명의 면접관에게 쉴 새 없이 질문을 받다 보면 어쩔 수 없이 압박이 느껴지는 거다. 또 거짓말하는 사람에겐 면접이 압박일 수밖에 없다."

– 유통회사 인사담당자

"면접이 끝난 후 진이 빠진 듯 어깨를 축 늘어뜨린 채 면접장을 빠져나가지 마세요. 마지막까지 패기 있는 모습을 보여주어야 합니다."

– 홈쇼핑회사 인사담당자

'면접을 준비하지 말라'는 말의 진짜 의미

면접관은 당신의 답변이 솔직한지 가식적인지 어떻게 구분할까? 제조회사 인사 담당자의 목소리를 직접 들어보자.

"심층 질문을 하면 당황하는 기색이 역력하거나 말문이 막히는 경우가 있다. 이는 십중팔구 꾸미거나 외운 말이다. 정말 자신이 생각하고 경험한 것을 말하는 지원자는 대개 물 흐르듯 자연스럽게 답변을 이어간다."

그래서 나오게 된 말이 '면접을 준비하지 말라'는 말이다.

> "면접 준비는 가능하면 하지 말라. 고도로 훈련된 사람보다 신입사원다운 풋 풋함과 가공되지 않는 모습이 좋다." (건축자재회사 인사담당자)
>
> "많은 지원자가 간단한 자기소개 요청에도 이미 제출한 자기소개서를 줄줄 외 우고, 그대로 되지 않으면 한숨을 짓거나 당황한다. 특히 여학생들의 경우 스 터디를 통해 달달 외운 답을 하는 경우가 많다. 그때마다 나는 본인이 진짜 생 각하는 것을 말해달라고 요구한다." (생활용품 인사담당 임원)
>
> "요즘 면접자들의 답은 다 발표형식이다. 이런 걸 하루 종일 들으려면 피곤하 다. 오히려 가끔 진솔하게 말하는 사람의 이야기가 더 귀에 잘 들어온다. 정답 만 뽑아 말하는 것보다 편하게 이야기하듯 말하는 걸 추천한다." (자동차회사 인사담당 임원)

그러나 준비 안 하고 어떻게 면접을 보겠는가? 준비하지 말라는 말의 참된 의미 는 판에 박힌 정답 말고 당신 자신을 어필하라는 뜻이다. 준비를 했건 안 했건 당 신 자신을 어필하는 사람은 진정성 있게 느껴진다.

당신의 면접은 몇 점입니까?

평가항목	평가내용
시선 및 제스처	눈을 자주 깜빡인다. 크고 확실한 제스처를 사용한다.
발음 및 목소리	깨끗하고 명확한 목소리다. 발음은 매우 정확하다. 여성 강사임에도 목소리 톤 또한 듣기에 거북하지 않게 높지 않은 편이다.
전달 속도	강의 초반에는 속도가 빠르고 어색하다.
어투	"했어요." 하는 말투를 자주 쓴다.
수업 내용	추상적인 개념을 예를 통해 쉽게 잘 설명한다. 재미있는 수업을 위해 농담을 자주 쓰나 약간은 어색한 점이 아쉽다.

이 글은 여자 강사가 진행한 온라인 강의를 평가한 내용이다. 지적사항이 꽤 날 카롭지 않은가? 나 역시 여자 강사로서, 콕콕 와 닿는 부분이 많다. 이 글을 쓴 이는 다름 아닌 중학생이다. 다양한 동영상 강의를 접하다 보니 누구보다 예리한 눈을 갖게 된 것이다. 인터넷 강의평가 커뮤니티를 방문하면, 수많은 동영상 강의 후기를 살펴볼 수 있다. 이런 후기는 면접을 앞둔 지원자가 자신의 모습을 돌아보는 진단 툴로도 유용하다. 과연 당신은 눈을 얼마나 깜빡이나? 목소리 톤은 듣기에 거북하지 않은가? 스스로 점수를 매겨보라.

면접 ❹

이미지 메이킹을 알면
취업이 보인다

수진 씨가 난생 처음 면접을 보기 위해 면접관 앞에 섰다. 그런데 그
녀가 문을 열고 등장하자마자 면접관 세 명의 얼굴이 동시에 찌푸려
졌다. 과연 수진 씨의 모습은 어떠한 걸까?

'블링블링' 수진 씨의 면접 이야기

●

수진 씨는 아침에 눈 뜨자마자 거울을 보며 생각했다. '오늘은 면접 보는 날! 최대한 예쁘게 하고 가야지.' 그녀는 옷장에서 커다란 장미 무늬가 그려진 미니 원피스를 꺼내 입었다. 날씨가 더워 스타킹은 생략하기로 했다. 허리까지 오는 긴 머리는 헤어 롤을 이용해 굵게 웨이브를 줬다. '메이크업은 어떻게 할까?' 잠시 고민하다 블루 계열의 아이섀도를 발랐다. 아이라인을 두껍게 그렸으며 눈두덩에 반짝이 펄을 바르고 인조 속눈썹을 붙였다. 입술은 채도 높은 분홍 컬러 립스틱을 바른 다음 그 위에 촉촉한 립글로스를 덧발랐다. 얼굴은 작게 보이기 위해 볼터치를 강조했다. 어떤 신발을 신을지 잠시 망설였다. '이거야.' 원피스에 어울리는 노란색 킬힐을 골랐다. 이대로 집을 나서자니 뭔가 아쉬웠다. 액세서리 함에서 블링블링 체인 목걸이와 귀고리를 꺼내 들었다. 그리고 얼마 전 생일 선물 받은 빅백을 들었다. 수진 씨는 생각한다. '이쯤 되면 완벽하겠지?'

이 글을 읽고 있는 여성들은 쉽게 수진 씨의 잘못을 알아챌 것이다. 그리고 "에이, 이렇게 개념 없는 지원자가 어디 있겠어?"라고 반문할지 모르겠다. 하지만 수진 씨 같은 지원자는 생각보다 꽤 있다. 10명 중 1~2명꼴로 그렇다. 인사담당자를 만나 보거나 인터뷰를 읽거나 설문조사를 보면 거의 비슷한 수치를 확인할 수 있다.

그런데 수진 씨만 이런 게 아니다. 수진 씨는 '종합세트'라 그렇지, 따로 떼어 놓고 보면 다른 여성들도 몇 가지 실수를 저지른다. 예를 들어 이런 거다. 다 좋은 데 치마 길이가 너무 짧거나 다 좋은 데 액세서리가 화려하거나 다 좋은 데 스타킹을 안 신고 오거나 다 좋은데 메이크업을 너무 진하게 하거나 혹은 안 하는 경우다.

자, 그렇다면 수진 씨는 어떤 실수를 한 걸까? 면접복장은 첫인상을 결정하는 중요한 요소인 만큼 디테일하게 살펴야 한다. 당신도 한 번 생각해보라. 우선 수진 씨의 마음이 실수다. 면접을 보러 가는 수진 씨는 '예쁘게'가 아니라 '프로처럼' 보여야 한다. 수진 씨가 꺼내 들어야 할 옷은 미니 원피스가 아니라 재킷과 블라우스, H라인 스커트다. 한마디로 '정장'이다.

● **면접 이미지 메이킹**

수진 씨처럼 실수하지 않으려면 우리 여성들은 면접 때 어떤 준비를 해야 할까? 지금부터 하나하나 알아보자. 이미지 메이킹을 알면 취업이 보인다.

1. **재킷** – 디자인은 기본형을, 색상은 검은색, 감색, 베이지, 회색 등을 선택하라. 여름에도 반팔보다는 칠부 길이를 고르거나 긴팔 여름 재킷을 입는 것을 권한다.

2. **블라우스** – 리본이나 장식이 과하지 않은 기본형 디자인이 좋다. 재킷 색상이 어둡다면 밝은 톤을, 재킷 색상이 밝다면 어두운 톤을 선택하라.

3. **포인트** – 기본형 재킷과 블라우스를 고른 후 스카프나 코사지 등으로 포인트를 두는 게 깔끔하다.

4. **스커트** – 플레어, A라인보다는 H라인 스커트가 좋다. 길이는 무릎 위 5cm 정도가 적당하다. 너무 짧으면 앉을 때 불편하고, 너무 길면 답답해 보일 수 있다. 단정한 바지정장을 선택하는 것도 괜찮다.

5. **스타킹** – 여름에는 스킨색을, 겨울에는 커피색이나 검정색이 무난하다.

6. **메이크업** – 피부 톤을 깔끔하게 정리하고 화려하지 않은 메이크업을 한다. 아이섀도는 베이지나 갈색 톤으로 은은하게, 입술은 튀지 않는 색이 좋다. 다크서클 커버는 필수! 눈가가 칙칙하면 인상이 어두워 보이기 때문이다. 너무 화려한 하이라이터와 볼터치, 반짝거리는 립글로스는 피하는 것이 좋다.

7. **헤어** – 단정한 단발머리나 묶음머리가 좋다. 길고 풍성한 웨이브나 긴 생머리는 면접 헤어로 적당하지 않다. 앞머리가 이마를 덮고 있으면 답답해 보이니 1/3 이상 이마가 드러나도록 드라이하자. 화려한 컬러핀은 NO!

8. **액세서리** – 목걸이와 귀고리 둘 다 착용하면 화려해 보인다. 둘 중 하나를 고르자. 알이 작은 진주나 큐빅이 적당하다. 귀고리는 링이나 드롭형보다는 부착형이 단정하다. 깔끔한 시계를 착용하면 시간감각이 있어 보인다.

9. **손** – 손톱은 청결하고 짧게 유지한다. 매니큐어는 투명이나 연한 색을 사용한다.

10. 구두 – 구두 굽은 5cm 내외가 적당하다. 화려하지 않은 기본형 펌프스 구두가 좋다. 오픈토는 NO!

11. 가방 – 기본 토트백이 좋다. 클러치백은 너무 여성스럽고 빅백은 부담스럽다.

여기까지! 인사담당자가 선호하는 여성 지원자의 이미지가 궁금하다면, 9시 뉴스 아나운서를 벤치마킹하자.

해외 경험을 돋보이게 만드는
5가지 차별화 방법

취업준비생의 32%가 해외연수를 다녀오는 시대다. 그만큼 많은 사람들이 해외연수 스토리를 자기소개서에 담는다. 또한 기업 측에서 지원자의 글로벌 역량을 파악하기 위해 직접적으로 해외경험을 요청하기도 한다. 차별화가 관건이다.

가장 눈에 띄는 것은 외국에서 일한 경험이다. 호주 닭 공장에서 일했거나 아프리카에서 사진관을 운영해 보았거나 인도네시아에서 중소기업 인턴을 한 경험 말이다. 배경과 상황이 독특하니 면접 때도 어필하기가 좋다. 이런 일을 한 사람이 몇 명이나 되냐고? 생각보다 꽤 많다. 대학에서 교양 과목 강의를 하다 보면 한 반에 20% 이상이 이런 경험을 갖고 있었다. 하지만 이런 소재가 없다고 해서 걱정 말라.

다음처럼 다섯 가지 차별화 방법을 참조하면 당신의 글로벌역량을 보다 효과적으로 강조할 수 있다.

첫째, 동기의 차별화

인사담당자가 가장 먼저 알고 싶은 부분은 '동기'다. 왜 외국을 갔는지, 그 나라를 선택한 이유가 무엇인지 궁금하다. '대학생이 되면 외국을 꼭 한 번 가보고 싶었다'처럼 막연한 동경은 좋지 않다. 기업은 목적의식이 명쾌한 사람을 좋아한다. 한참 일 잘하던 직장인이 '아, 여행 가고 싶다'며 퇴사하는 일이 비일비재하다. 관광을 위해 그냥 홀쩍 떠났다는 인상보다는 나만의 차별적인 이유를 보여주어야 한다. 다음 두 가지 예시를 살펴보자.

| 예시 1 | 대학 입학 전 목표가 하나 있었습니다. 다양한 문화적 배경을 가진 친구를 만나 세계에 대한 시야를 넓히는 것이었습니다. 이를 실천하기 위해 방학이 되면 배낭을 메고 태국, 미얀마, 라오스, 인도, 말레이시아 등으로 여행을 다녔습니다.

| 예시 2 | 이화여대 최초의 카자흐스탄 교환학생입니다. 제가 낯선 땅을 선택한 이유는 '아무도 가지 않았기 때문'입니다. 6개월이란 짧은 기간 동안 영어를 완전히 마

스터하고 온다는 것은 무리라고 생각했습니다. 영어를 완전히 배울 수 있는 것이 아니라면 그 시간을 특별한 경험을 쌓는 데 투자하고 싶었습니다. 저는 카자흐스탄의 KIMEP 대학에 교환학생으로 갔고 그곳에서 미인대회 오디션 공고를 보았습니다. 저만의 스토리를 쌓고 싶었기에 오디션에 도전했습니다. 17:1의 경쟁률을 뚫고 본선에 진출했습니다. 개인쇼를 준비하라는 과제가 주어지자 5개국 교환학생 친구 15명을 모아 난타 공연을 하기로 했습니다. 두 달 동안 매일 저녁 6시부터 10시까지 쉬지 않고 연습했습니다. 비록 미인대회 우승은 하지 못했지만 친구들은 '우리 마음속의 Miss KIMEP은 영원히 너'라며 왕관을 선물해줬습니다.

〈예시 1〉은 무난하다. 목표를 담고 있다. 그러나 자신만의 색깔은 찾기 어렵다. 〈예시 2〉는 대학내일에 소개된 하늘 씨의 해외 경험담이다. 동기는 물론, 행동 또한 차별화에 성공했다.

둘째, 비용 마련의 차별화

비용 마련도 인사담당자가 궁금해하는 대목이다. 아르바이트를 했는지, 장학금을 받았는지, 대출을 받았는지, 공모전 상금을 받았는지 등 말이다. 기업은 지원자가 독립심이 강하길 바란다. 마음은 물론이고 경제적인 부분에서도 그렇다. 전적으로 부모님의 힘을 빌려 외국

경험을 한 것은 환영받기 어렵다. 비용 전액을 자신이 마련했다면 더 좋겠지만 일부라도 상관없다. 부모님의 부담을 덜어줄 마음으로 노력했다는 사실이 중요하다. 건축자재업체 인사과장은 "해외연수 경험이 다 똑같다. 대부분이 부모의 힘으로 어학연수를 간 케이스다. 그런데 본인의 노력으로 어학연수를 가서 돈이 떨어지자 공항서 아르바이트를 했던 자기소개서를 봤다. 참신하게 느껴졌다."고 강조했다.

만약 부모님한테 100% 손을 벌렸다면 비용은 언급하지 말고 다른 부분에서 독립심과 자립심을 강조할 만한 것이 있는지 찾아보라. 외국을 가기 전 자신만의 사전 준비를 강조하면 계획성과 준비성을 보여줄 수 있다. 단 너무 길게 언급하면 늘어지는 경향이 있으니 1~2줄로 짧게 쓰자. 노력이 평범했다면 건너뛴다. 다음은 호감을 주는 예시다.

| **예시 1** |　학교생활 짬짬이 해외 인턴, 교환학생, 어학연수로 중국, 영국, 미국을 다녀왔습니다. 이를 위해 부모님께 500만 원을 빌리고, 나머지는 인턴과 아르바이트를 활용해서 비용을 마련했습니다.

| **예시 2** |　외국을 가기 전 그 나라의 올림픽 이슈를 미리 찾아보았습니다. 경기 결과나 선수에 대한 이야기가 거리감을 줄이는 데 도움을 줄 거라고 생각했기 때문입니다 실제로~

| **예시 3** | '브로드웨이에서 공연 랜드마크의 미래를 보다'는 LG 글로벌 챌린저에 참가했을 때 제출한 탐방계획서의 제목입니다. 이 계획서가 좋은 평을 얻어 브로드웨이행 티켓을 쥘 수 있었습니다.

셋째, 경험의 차별화

해외에서 경험한 일 중 가급적 특색 있는 일을 골라 써라. 캐나다 현지에서 휴대폰 판매 아르바이트를 하며 학비를 마련했거나, 영국심장재단이 운영하는 채리티숍에서 봉사활동을 했거나, 호주 어학원에서 주최한 스피킹 콘테스트에서 입상했거나, 국제전자제품박람회에 참석한 경험 같은 거 말이다. 공부에 주력했다면 목표 대비 성과를 강조하고, 외국인 친구들과 어울려 놀았다면 유흥이나 소비보다는 문화나 가치관의 차이 등을 언급하는 것이 좋다. 해외 경험을 통해 달라진 점(국제 펜팔 시작 등)이 있다면 이를 부각시켜라. 다음이 그 예다.

| **예시 1** | 타국에 가서는 그 나라의 문화를 적극적으로 수용하기 위해 노력했습니다. 인도 가정집에 식사를 초대받았을 때는 숟가락을 내려놓고 손으로 카레를 비벼 먹었으며 사우디아라비아를 방문했을 때는 그 나라 문화를 고려해 공공장소에서 발을 두는 위치를 특히 주의했습니다.

| **예시 2** | 배움에 대한 열정을 가지고 어학연수를 떠났습니다. 저는 동료들에게 ○○대학에서 주관하는 ○○시험을 목표로 공부를 하자고 제안했습니다. 세 달 동안 4명의 동료와 함께 호흡을 맞추며 철저하게 대비한 결과 4명 모두 시험에 통과해 자격을 취득할 수 있었습니다.

| **예시 3** | 빠르게 변하는 외식산업에 적응하기 위해 미국 호텔 인턴십 프로그램에 참여했습니다. 1년 동안 호텔 일에 적극적으로 참여하고 기회가 될 때마다 능력을 보여주려 애썼습니다. 매일 새로운 메뉴를 연구하고 성실하게 노력한 결과 Cook3까지 올라갈 수 있었습니다. Cook3는 미국유명조리학교를 졸업하고 주방 전반에 대한 경험을 인정받은 사람이 받는 레벨입니다.

넷째, 의미의 차별화

단순히 경험을 늘어놓는 것에서 그치는 것은 NG! 그 경험을 통해 무엇을 배웠는지를 어필하라. 이때 너무 흔한 표현은 지양해야 한다. 세상이 넓다는 것, 모든 것이 새로웠다는 것, 열린 사고를 해야 한다는 것 따위의 교훈 대신 자신만의 목소리를 담아라.

20여 년간 조선일보에서 스포츠를 취재한 민학수 기자의 칼럼을 통해 의미 부여 방법을 배워보자. 칼럼 제목은 '독일의 스포츠 아우토

반'이다. 제목 또한 벤치마킹 대상이다.

① "배드민턴 강국(強國)에서 왔으니 살살 쳐주세요. 우리나라는 축구는 괜찮은 편이지만 배드민턴 실력은 한국과 비교가 안 되니까요." 경기 전 너스레를 떠는 독일 기자의 말이 처음부터 겸손이거나 엄살 중 하나라고는 생각했다. 그런데 정도가 심했다. 막상 경기가 시작되자 셔틀콕을 자유자재로 다루는 솜씨가 거의 선수 수준이었다. 2000년대 중반 독일 뉘른베르크에서 해외 연수를 할 때 이야기다. 유럽의 3대 스포츠 전문지로 꼽히는 독일의 '키커(Kicker)'지(誌) 본사는 (중략) 독일 사람들은 대부분 즐겨 다니는 동네 스포츠클럽이 있고 수준급 실력을 갖춘 이가 많았다. 운동 후에는 시원한 맥주 한잔을 즐겼다. 이런 스포츠클럽이 8200만 인구의 독일에 9만 개나 있다.

에피소드가 생생해서 눈길을 사로잡는다. 하지만 위 에피소드는 서두일 뿐이다. 기자가 칼럼을 통해 전달하고자 한 내용은 ①이 아니라 ②다.

② 얼마 전 한국인이 OECD 국가 가운데 운동을 가장 적게 한다는 조사 결과가 나왔다. 특히 10대 여학생 중 "운동을 전혀 안 한다"고 답한 비율이 70%를 넘었다. (중략) 독일 정부가 청소년의 운동 부족을 '국가적 위기'라고 생각한 것은 1950년대 중반이었다. (중략) 독일 올림픽위원회는 이를 바탕으로 1959년 어디서나 쉽게 체육 활동을

즐길 수 있도록 하자는 취지를 담은 '골든 플랜(Der Goldene Plan)'을 수립했다. (중략) 건강한 육체에 건강한 정신이 깃드는 법이다. 우리의 미래인 청소년의 운동 부족을 '국가적 위기'라고 생각하기에는 아직도 이른 것일까.

②는 독일과 한국, 두 나라의 체육현황을 비교하며 청소년의 운동 부족을 걱정하는 내용을 담고 있다. 그런데 ②만 넣게 되면 내용이 무거우니 ①을 통해 시선을 붙잡은 후 ②를 전달한 것이다. 칼럼 전문을 보면 ②의 분량은 ①의 2배를 차지한다. 전달하고자 하는 핵심이 ①이 아니라 ②이기 때문이다.

지원자들이 자기소개서를 쓸 때 가장 많이 하는 실수는 에피소드 그 자체만 전달한다는 점이다. 가치관과 관심사, 통찰력 등이 빠진 해외 경험은 그다지 매력이 없다. 위 칼럼처럼 에피소드와 함께 자신만의 해석을 더해야 한다. 단, 기업의 인재상이나 직무역량 등을 고려해야 하는 것은 기본이다. 아래 예시는 자신만의 경험에 의미를 부여한 것은 물론 독특한 리드문으로 시선을 붙잡고 있다.

| 예시 1 | <u>음식교양사전</u> : 초콜릿이 중세 때 음란한 사치 기호품으로 오해받은 것을 아십니까? 제 별명은 음식교양사전입니다. 단순히 먹는 것만 즐기는 것이 아니라 음식문화와 음식역사, 테이블 매너 등에 관심이 많기 때문입니다. 저는 음식이야말로 소통의 열쇠라고 생각합니다. 인도를 방문했을 때 카레에 대한 유래를 말하자 음

식점 주인이 매우 반가워하며 음식 값을 받지 않았던 경험도 있습니다. 베트남과 스위스를 방문한 것 또한 음식에 대한 관심에서 출발했습니다. 전쟁의 상흔 속에서 전 세계로 퍼진 쌀국수와 자투리 치즈로 만든 스위스의 퐁뒤를 현지에서 직접 맛보고 음식문화를 느껴보고 싶었습니다. 식문화에 대한 이해와 관심을 바탕으로 회사의 글로벌 진출에 도움이 되고 싶습니다.

다섯째, 해외 경험이 없는 사람을 위한 차별화

해외에 나가본 경험이 없다면 어떻게 해야 할까? 빈칸으로 놔두어야 할까? 아니다. 얼마나 많은 나라를 방문했는지는 인사담당자의 관심사가 아니다. 기업은 단지 당신이 글로벌 역량을 쌓기 위해 어떤 노력을 했는지 알고 싶을 뿐이다.

우리 주변을 보면 해외에 나가지 않고도 어학실력과 글로벌 마인드를 쌓은 사람을 쉽게 찾아볼 수 있다. 일흔두 살의 학원 강사 송재원 씨는 시사주간지 '타임(TIME)'을 강의하는데, 그는 바다 건너라고는 제주도밖에 못 가봤다고 한다. 그가 영어를 강의하는 건 타임지에 대한 애정 덕분이다. 그의 '타임 제자' 중에는 전직 장관도 있고 은퇴한 CEO도 있다. 송 씨는 "타임 1년만 붙잡으면 큰 물건 하나 건지게 될 것."이라고 강조한다.

식품회사 마케터를 준비한 미선 씨는 채용설명회를 통해 이 회사가 중국과 베트남에 진출할 계획을 세우고 있다는 정보를 입수하고 중국어와 베트남어 공부를 시작했다. 매일 외국 식품 잡지를 읽고 그 나라 방송을 보며 제2외국어 실력을 다졌다. 아직 초보 수준이지만 맞춤형 역량을 키우기 위해 노력한다는 점에서 면접관은 좋은 점수를 줬다.

미국 루이지애나주 배턴루지시의 프리랜서 기자인 사라 본지오르니의 흥미로운 실험도 벤치마킹할 만하다. 기자는 2005년 새해를 기점으로 '중국산 없이 1년 살아보기' 모험을 감행했다. 결론은 실패였다. 의복에서부터 신발, 장난감까지 사실상 중국산 아닌 제품을 찾아보기 힘들었기 때문이다. 그녀는 〈메이드 인 차이나 없이 살아보기〉라는 책에서 "1년간의 체험을 통해 우리 삶이 이미 중국과 매우 밀접하게 연관되어 있다는 사실을 알게 됐다"고 말했다. 당신도 한번 시도해보라. 단 1주일이라도 중국산 없이 살아보면 어떨까? 이런 경험을 통해 중국 상품의 힘을 파악하고, 중국 시장에 관심이 생겼다면 그것만으로도 충분하다. 13억 인구의 중국은 어느 기업이나 군침을 흘리는 시장이다. 미국을 견제할 만한 경제 대국으로 성장한 중국 시장을 잡아야 100년 지속 기업으로 성장할 수 있다는 판단에서다. 'China insider' 마인드를 강조하면 당신의 매력을 어필할 수 있다.

미국에 가야만 미국을 아는 것도, 중국에 가야만 중국을 아는 것도 아니다. 글로벌 역량을 키울 수 있는 방법은 매우 많다. 자신이 원하는 회사와 직무에 대한 열정, 지구촌에 대한 관심만 있다면 당신도 글로벌 인재로 태어날 수 있다.

TIP

▶ 각국 대사관을 방문하라 ▶ 각 나라의 경제문화 관련 책을 읽고 영화를 보라 ▶ 인터넷을 통해 해외 방송과 언론을 만나보라 ▶ 학교에서 제공하는 국제어강의 수업을 들어라 ▶ 외국인 유학생 전용 기숙사에서 아르바이트를 하라 ▶ 전국 대학생 모의 유엔대회에 참가하라 ▶ 다국적 회사에서 인턴십을 하라 ▶ 다문화가정교육지원센터 등을 통해 봉사활동을 하라 ▶ 유튜브 국가별 조회수나 댓글을 살펴보라 ▶ 명동, 남대문, 이태원, 종로 등 외국인이 많이 찾는 지역에서 설문조사를 하거나 물건을 판매해보라

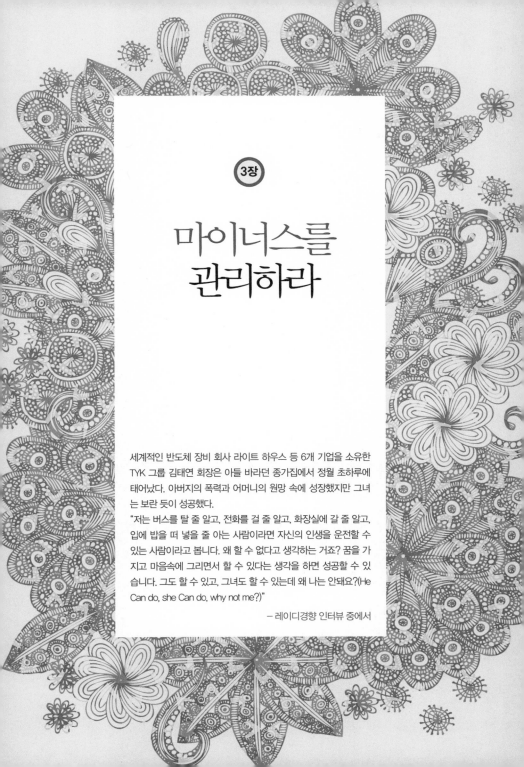

3장

마이너스를
관리하라

세계적인 반도체 장비 회사 라이트 하우스 등 6개 기업을 소유한
TYK 그룹 김태연 회장은 아들 바라던 종가집에서 정월 초하루에
태어났다. 아버지의 폭력과 어머니의 원망 속에 성장했지만 그녀
는 보란 듯이 성공했다.

"저는 버스를 탈 줄 알고, 전화를 걸 줄 알고, 화장실에 갈 줄 알고,
입에 밥을 떠 넣을 줄 아는 사람이라면 자신의 인생을 운전할 수
있는 사람이라고 봅니다. 왜 할 수 없다고 생각하는 거죠? 꿈을 가
지고 마음속에 그리면서 할 수 있다는 생각을 하면 성공할 수 있
습니다. 그도 할 수 있고, 그녀도 할 수 있는데 왜 나는 안돼요?(He
Can do, she Can do, why not me?)"

– 레이디경향 인터뷰 중에서

발등에 불 떨어졌다면

- 위기감을 열정으로 바꾸자 -

　지금 이 글을 쓰는 시간은 새벽 5시 6분이다. 지금까지 계속 타이핑을 쳤냐고? 아니다. 새벽 2시까지 이전 글에 마침표를 찍은 후 잠들기 위해 침대에 누웠다. 그런데 쉽게 잠이 오지 않았다. 나의 뇌는 계속해서 책을 쓰고 있었다. 처음에는 한두 개 에피소드가 떠오르더니 나중에는 문장이 줄줄 써졌다. 스스로 생각해도 아까운 내용이 있어 휴대폰에 메모를 해 두었다. 그러기를 몇 차례. 휴대폰 메모장은 수십 가지의 아이디어로 넘쳤고, 시간은 새벽 5시를 향해갔다.

나는 그만 자리에서 벌떡 일어났다. 아무래도 오늘 잠자기는 틀렸으니 말이다. 뇌가 휴식을 거부하니 어쩌겠나. 나는 컴퓨터 본체 파워 버튼을 누르고 습관처럼 손톱을 바짝 깎았다. 그리고 자판기에 두 손을 올렸다. 자, 내가 왜 이렇게 야행성 작가처럼 유별나게 구는지 아는가? 한마디로 발등에 불이 떨어졌기 때문이다. 죽음의 시간이라는 '데드라인'이 보름 앞으로 다가온 것이다. 더 이상 생각하고 머뭇거릴 시간이 없다. 남은 기간은 생각을 정리해서 행동해야 한다. 한마디로 빨리 글을 써야 하는 것이다.

사실 나는 11시간 전에 내과에서 링겔을 맞았다. 며칠 전 감기몸살에 걸렸는데, 쉽사리 낫지 않았다. 두통은 물론 목감기와 코감기로 증상이 옮겨갔다. 컨디션이 좋을 때도 글쓰기가 두려운데, 아픈 상태에서 글을 쓰려니 정말 곤혹스러웠다. 더 이상 안 되겠다 싶어 오후 4시쯤 내과에 갔다. 그때 내가 의사한테 건넨 말은 이러했다.

"중요한 일을 해야 하는데 집중력이 떨어져서요. 좋은 걸로 놔주세요."

'좋은 거', 얼마나 원초적인가. 내가 의사한테 이렇게 원초적인 부탁을 하고 말 그대로 '링겔투혼'을 발휘하며 원고를 쓰는 이유는 무엇일까? 그것은 바로 당신이 이 책을 지금 이 시간에 읽는 것과 비슷하다. 바로 발등에 불이 떨어졌기 때문이다.

많은 취업준비생이 내게 와서 이렇게 말한다.

"발등에 불 떨어지니까 정신이 번쩍 나더라고요. 더 이상 취업준비를 미루다간 큰일 나겠다는 생각이 들어 이렇게 찾아왔어요. 이제부터 무엇을 어떻게 해야 할까요?"

그녀들은 뭐든지 알려 달라고 강조한다. 무엇을 말하든 다 해보겠다고 말이다. 나는 그들에게 다음처럼 몇 가지 조언을 한다.

❶ 취업이나 진로와 연관된 책을 한 권 이상 읽으며 마음 다 잡기

❷ 다양한 툴을 활용해 자기분석하기

❸ STAR기법을 활용해 경험 정리하기

❹ 관심 있는 직무 분석하기

❺ 직무 선배 만나 인터뷰하기

❻ 채용설명회 참석 등을 통해 회사 정보 얻기

❼ 자기소개서 새로 쓰기

❽ 포트폴리오 만들기

❾ 관심 있는 회사 탐방하기

❿ 경쟁사 비교 분석하기

사실 위 조언은 그리 특이한 것이 아니다. 대부분의 컨설턴트가 비슷한 이야기를 꺼내고 나 역시 만나는 학생마다 이렇게 몇 가지 방법을 알려준다. 그런데 재미있는 사실이 있다. 바로 실천 비율이다. 언

뜻 생각하면 기졸업자가 가장 실천을 잘할 것 같지만 그렇지 않다. 실천을 하는 사람의 비율은 신입이든 휴학생이든 다르지 않다. 그럼 실천하는 사람들의 공통점은 무엇일까? 발등에 불이 떨어졌다는 사실을 실감한다는 점이다.

발등에 불이 떨어졌다면, 그 마음 그대로 절실하게 행동하라. 절실함의 강도를 보여줄 수 있는 사례는 필수다. 내 사례는 앞서 두 개 이야기했다. 하나는 링겔투혼, 하나는 새벽 5시에 손톱을 깎고 타이핑을 치고 있는 지금 이 순간이다.

당신이 절실하다면 반드시 누군가 알아본다

"서울에 있는 의류 매장에 다 가본 지원자가 있었다. 면접 때 그 친구가 응원메시지를 적은 차트를 보여주더라. 그가 한 말이 인상적이었다. '미래 선배님들께 부탁한다고 했더니 다 응해주시던데요.' 이런 배짱이 있어야 한다."

– 의류회사 인사담당자

"면접 때 감동적인 PPT를 본 적이 있다. 서울시내 은행 지점 40곳을 분석하고 행원들의 격려메시지를 요약 정리한 내용이었다. 이런 열정이 있다면 감동할 수밖에 없다."

– 은행 인사과장

"한 회사 로고가 새겨진 티셔츠를 요일별로 색을 달리해 입고 다닌 학생이 있었다. 그의 특이한 모습에 관심을 갖고 상담을 요청했는데 이렇게 말하더라. "회사 인지도를 높이고 싶은데, 제가 할 수 있는 노력이 별로 없어서 티셔츠를 몇 벌 따로 제작했습니다." 나는 그의 노력에 감동하여 총장님과의 식사 자리를 주선했다. 총장님은 그에게 추천사를 선물했다."

– 대학교 취업지원센터 팀장

"안티고객의 마음을 파악하기 위해 한 보험사 안티까페를 방문했다. 그리고 안티 카페 운영자에게 양해를 구하고 직접 온라인 설문조사를 진행했다. 그렇게 수십 명 고객의 의견을 모았다. 안티고객 설문조사 기획은 면접관의 관심을 대폭 끌었다."

– 보험회사 합격자

"학창시절 작성했던 일기장을 다시 살펴보면서 작은 경험이라도 구체적으로 묘사하기 위해 노력했다. 자기소개서를 쓴 후에는 거울을 보며 읽어 내려갔다. 어색하거나 막히는 문장이 없도록 끊임없이 수정한 끝에 자기소개서를 완성했다. 그리고 내가 가고자 하는 은행 영업점을 찾아다니는 용기를 냈다. 행원분들께 자기소개서를 보여주면서 조언해달라고 부탁했다."

– 은행 합격자

취업스터디 어떻게 꾸릴까

취업에 합격한 이들의 공통점 중 하나는 취업스터디를 꾸렸다는 점이다. 요즘은 워낙 채용경쟁률이 높기 때문에 혼자 회사 정보를 얻고 면접 준비를 하는 것은 한계가 있다. 취업스터디를 결성하면 자신을 보다 객관적으로 진단할 수 있고 알짜 정보도 나눌 수 있다.

❶ 스터디의 성패를 좌우하는 것은 구성원이다. 너무 친한 친구보다는 잘 알지 못하지만 목표하는 바가 비슷한 사람과 모임을 만드는 것이 더욱 효과적이다. 보통 대학 게시판과 인터넷 취업카페 등을 통해 스터디원을 모집한다. 인원은 4명에서 8명이 적당하다. 같은 학교 구성원의 경우 관심사가 비슷하고 장소 선정이 유리하다는 장점이 있으나 쉽게 긴장감이 풀린다는 단점이 있다. 타 대학 친구들과 함께 스터디를 꾸리면 다채로운 정보를 수집하는 장점이 있다.

❷ 동일계열 전공자들과 스터디를 하면 관심사가 비슷하고 지원 시 정보 공유가 유리하다. 어문계열과 상경계열 전공자는 자기소개서 첨삭을 능숙하게 잘하며 토론 면접 시에도 논리적으로 의견전개를 잘하는 편이다. 다른 전공자들은 전공과 연관된 시사상식을 이해하기 쉽게 풀어주기 때문에 시너지 효과가 날 수 있다. 단 전공불문의 경우 배가 산으로 갈 수 있기 때문에 리더의 역할이 매우 중요하다.

❸ 취업스터디는 배려와 정보가 생명이다. 예민해지기 쉬운 시기인 만큼 서로 배려하는 마음은 기본이다. 취업 정보나 자료를 적극 공유하면 스터디

분위기가 더 좋아진다. 이탈자가 생기면 분위기가 흐려지기 때문에 팀원 모두 합격할 때까지 낙오자가 생기지 않도록 주의하라.

 취업스터디 결성 4단계

STEP 1 : 구체적인 목표를 세워라. 분명한 기준을 세워놓지 않으면 자칫 친목모임에 그칠 수도 있다.

STEP 2 : 지원할 업종과 기업, 직무를 세분화해 비슷한 관심사를 가진 스터디원을 모집하라.

STEP 3 : 스터디를 꾸리고 처음 모였을 때 세부적인 운영방침을 정하라.

- 스터디 이름과 기간, 모임 횟수, 소요시간, 과제부여 등 세밀하게 계획을 짜라.
- 지각이나 불참에 따른 벌점 등 규칙이 필요하다.
- 스터디 시간에 정장을 입거나 모든 팀원이 취업할 때까지 말을 놓지 않는 것도 긴장감을 높이는 방법이다.

STEP 4 : 계획에 맞게 스터디를 운영하라.

- 리더와 멤버 모두 균형 있게 책임감과 역할을 부여하라.
- 입사 선배나 멘토 등을 초청해 조언을 듣는 것도 좋은 방법이다.
- 자기소개서 스터디를 할 때는 자기소개서 첨삭 가이드를 마련하라.
- 면접 스터디를 할 때는 캠코더를 활용해 촬영하고 평가하라.

〈걱정〉을 〈문제의식〉으로 전환하라

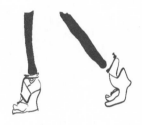

　전작 〈취업 미스매칭〉은 품이 많이 든 책이다. 나는 그 책에 세상에서 가장 아름다운 취업 이야기를 싣고 싶었다. 대학생은 물론 경력단절여성, 50대 중장년층 등 취업을 준비하는 많은 사람들이 책을 읽고 용기와 희망을 얻기를 바랐다. 그렇게 다양한 이야기를 모으려니 많은 분들의 도움이 필요했다.

　책을 기획하고 제일 먼저 한 선배의 얼굴이 떠올랐다. 컨설턴트 모임을 운영하고 있는 선배는 나와 친분이 두터웠다. 누구보다 이 프로젝트를 환영하며 선뜻 원고를 써 줄 수 있을 거라 생각했다. 그런데 예상하지 못했던 일이 생겼다.

"미안해. 내가 바빠서 말이야."

선배의 거절에 순간 말문을 잃었다. 집으로 돌아오는 내내 마음이 무거웠다. 앞으로도 많은 사람들이 거절할 텐데 그때마다 받을 상처가 벌써부터 걱정이었다. 과연 이 프로젝트를 끝까지 완수할 수 있을지 의문스러웠다. 그렇게 걱정의 우물에 푹 빠지려고 할 때 나는 생각을 멈췄다. 그리고 다시 원점을 떠올렸다.

나는 왜 이 책을 쓰려고 했던 걸까? 1분도 채 되지 않아 이 책의 콘셉트를 생각하며 기뻐했던 모습이 떠올랐다. 그렇게 열정에 타올랐던 내가 한 번의 거절로 움츠러든 것이다. 나는 출간을 진심으로 고대했다. 거절로 인해 받을 상처 따위는 책의 가치에 비하면 아무것도 아니었다. 그렇게 생각을 정리하니 다시 뛸 힘이 생겼다. 나는 생기 넘치는 목소리로 지인들에게 연락해 원고를 부탁했다.

그렇게 〈취업 미스매칭〉은 세상에 태어났다. 결국 부탁을 거절한 사람은 3명에 불과했다. 만일 첫 번째 거절에 좌절해서 그대로 작업을 멈추었더라면 어떻게 되었을까? 〈취업 미스매칭〉은 물론이고 그 후에 나온 다른 책도 쓸 엄두를 내지 못했을 것이다.

정도의 차이는 있지만, 많은 여자들이 걱정을 안고 산다. 불면증을 앓고 있는 여자가 남자보다 두 배나 많고, 걱정 때문에 병원을 찾는 이들의 대다수가 여자라고 하니, 여자의 행복지수는 걱정 관리에 달려 있다고 해도 과언이 아니다. 여자심리전문가 홀리 해즐렛 스티븐스는 "남자는 현실 속에서 살고 여자는 생각과 걱정 속에서 살아간다."라고 말했다.

늘 밝은 미소가 돋보이는 이지애 아나운서. 걱정과는 거리가 멀어 보이는 그녀도 취업 준비를 하며 우울함에 사로잡힌 경험이 있다고 고백했다. 대학을 졸업하고 1년 반 동안 언론고시를 준비하고 있을 때 그녀를 가장 힘들게 했던 것은 '요즘 어떻게 지내?'라는 질문이었다. 그녀는 감성 에세이 〈퐁당〉에 다음과 같이 적었다.

상대는 단순히 인사를 건넨 것일 텐데 대체 뭐라고 답을 해야 하나 한참을 우물쭈물 댔다. 불안하고 초조한 마음은 늘 내 안의 여유를 앗아갔다. 더 나은 내가 되기 위한 시간들이었음에도 당시에는 한 걸음 한 걸음이 그렇게 쓰디쓰기만 했다. 불안의 근원은 역시 '불확실성'. 모든 것이 자신 없었다.

그녀는 다행히 아르바이트를 하며 자신감을 되찾았다. 규칙적인 생활은 그녀에게 평상심을 찾아줬다.

여자들이 구직활동을 할 때 제일 먼저 챙겨야 할 것은 바로 걱정을 더는 비타민이다. 걱정 근심 가운데 쓰기 시작한 자기소개서는 부정적이고 소심한 글자들이 가득할 테고, 면접은 우울하고 수동적인 분위기로 착 가라앉을 테니 말이다. 무엇보다 먼저 근심 걱정으로부터 자유로워져야 한다.

여자들이 가장 많이 하는 걱정은 바꿀 수 없는 스펙에 대한 고민이다. 예를 들어 이런 식이다.

"저는 26살 여자예요. 지방대학교 어문학과를 나왔고, 학점도 낮아요. 그동안 한 거라곤 편의점 아르바이트밖에 없어요. 경력도 없는데 나이만 많네요. 그동안 뭘 해놓았는지 모르겠어요. 저도 대기업에 가고 싶은데 워낙 고 스펙자들이 많이 몰려서 고민이 많아요. 어차피 노력해도 안 될 것 같고, 잠도 안 와요."

이러한 신세 한탄은 취업에 전혀 도움이 되지 않는다. 바꿀 수 없는 것들을 움켜쥐고 앉아서 고민하면 무엇 하랴. 그냥 인정하자. 그리고 바꿀 수 있는 부분을 해결하기 위해 노력하자.

문제 해결을 위한 걱정	걱정을 위한 걱정
문제가 구체적이다	문제가 모호하다
가능한 해결책이 있다	구체적인 해결책이 없다
여러 가지 선택을 고려한 뒤 문제를 해결한다	문제가 미해결 상태로 남는다
앞일에 대한 생각이 행동으로 이어진다	앞일에 대한 생각이 불안으로 이어진다

* 출처 : 홀리 해즐렛 스티븐스의 〈걱정에만 올인하는 여자들의 잘못된 믿음〉

대구에서 만난 정은 씨도 걱정이 많은 유형이었다. 그녀는 20대 중반이 되도록 취업 준비에 무심했다. 목표와 방향은 정하지 않았고 학점이나 영어점수도 제대로 챙기지 않았다. 주어진 일은 잘 처리하지만 일을 찾아서 하는 성향도 아니다 보니 진로를 정하기가 어려웠다. 그녀는 고민 끝에 부모님께서 권해주신 공무원 시험 준비를 해보려고 마음먹었다. 그런데 한 달도 지나지 않아 시험을 포기했다.

"떨어지면 어떻게 해야 하나라는 걱정 때문에 공부가 머릿속에 들어오지 않아요. 공무원 시험에 합격하기 어렵잖아요. 1~2년 끈기 있게 공부할 자신도 없고요. 얼마 전에 몇 군데 입사지원을 해 보았는데 모두 떨어졌어요. 빨리 취업은 해야 하는데, 답답하고 막막하고 너무 힘듭니다."

정은 씨의 걱정거리는 크게 두 가지였다. 불합격에 대한 걱정과 의사결정을 미뤄서 생긴 걱정! 사실 지금 단계에서는 불합격을 고민할 필요가 없다. 아직 무엇을 할지 의사결정도 제대로 내리지 않았으니 말이다. 당장 벌어지지 않은 일을 미리부터 앞당겨 걱정할 필요는 없다. 정은 씨가 지금 해야 할 일은 마음의 소리에 귀를 기울이고 현명하게 의사결정을 하는 것이다. 미래를 긍정적으로 내다보고 결정을 꾸물거리지 않고 제때 하면 걱정행성에서 탈출할 수 있다.

걱정한다고 달라지는 것은 아무것도 없다. 걱정이 당신을 습격할 때 큰 소리로 "그만!"이라고 외쳐라. 그리고 걱정의 실체와 마주하라.

걱정거리는 당신 스스로가 만들어낸 그물망이다. 빨리 그곳에서 빠져 나와야 한다. 정은 씨도 "그만!"을 외쳤다. 그 다음 자신의 마음을 들여다보았다. 답은 간단했다. 공무원 시험과 취업 준비 중 원하는 것 하나를 선택하면 된다. 그녀는 엑셀 프로그램을 연 다음 왼쪽에 가능한 많은 변수들을 적고 점수를 매겼다.

	공무원 시험 응시	취업 준비
직업 만족도	70점	80점
적성 발휘	60점	70점
합격 가능성	55점	80점
기회비용 대비 만족도	40점	70점
고용 안정성	90점	60점
⋮	⋮	⋮
평균	63점	72점

결과는 취업 준비! 더 이상 고민하지 않고 숫자가 알려준 자신의 마음을 믿기로 했다. 두 달 후. 정은 씨는 기쁜 목소리로 취업 소식을 알려왔다.

주위를 돌아보면 또 다른 정은 씨가 참 많다. 걱정 때문에 잠을 설치고 우울한 표정으로 하루를 산다. 불확실한 미래 앞에서 혼란스러운 것은 어찌 보면 당연하다. 하지만 소심하게 고민만 하기에는 당신의 청춘이 너무 아깝지 않은가. 원래 남의 떡이 커 보이는 법이다. 어떤 선택이든 최선도 차선도 없다. 후회하지 않고 몰입하면 그것이 최고의 선택인 것이다.

"젊은 친구들이 이러면 어떡하지, 저러면 어떡하지, 그러면 어떡하지 수없이 주저하잖아요. 그런데 안 가봤잖아요. 몸을 사리면서 용케 똥을 피해 가다가 결정적인 타이밍에 똥을 만나면 어떡할 겁니까. 젊은 어느 날 된장인 줄 알고 푹 찍어 먹어봤더니 똥이더라, 그 다음부턴 본능적으로 똥인지, 된장인지 식별할 수 있거든요. 매도 먼저 맞는 게 낫다고 한 살이라도 젊었을 때 깨져봐야 상처 아무는 속도도 빠르고, 자빠졌다 일어서는 속도도 빠른 거예요. 무모하더라도 젊었을 때 깨져보라는 거죠. 칼을 뽑았으면 무라도 썰어보라는 거죠."

가수 싸이는 한 일간지와의 인터뷰에서 청춘들에게 '칼을 뽑았으면 무라도 썰어보라'고 조언했다. 여자에게 무를 써는 것보다 더 필요한 것은 칼 뽑기다. 요리 조리 재다가 칼 한번 시원하게 못 뽑는 여자가 참 많다. 망설이지 말고 칼을 뽑아라. 칼을 뽑아야 단무지를 썰든, 연필을 깎든 할 것 아닌가. 고민의 질은 시간에 비례하지 않는다. 걱정하지 말고 당신의 마음을 읽어라. 그리고 실천하라. Right Now!

직종 시야를 넓혀라

기업을 구성하는 인력은 아직까지 남자가 훨씬 많다. 한 그룹사 신입사원 연수교육 사진을 보면, 여자는 10명 중 1명꼴로 눈에 들어온다. 서비스업을 제외하면 여직원 비율은 전체 직원의 20~30% 선이 보통이다. 이처럼 여직원 비율이 낮은 이유는 기업이 현업 부서의 니즈를 반영해 남자 사원을 주로 뽑기 때문이다. 하지만 이유는 또 하나 있다. 기업이 여자를 뽑고 싶어도 뽑을 수 없는 이유는 다름 아닌 여자 지원자가 일부 업종과 직종에 몰리고 있기 때문이다.

대기업 인사담당자와 대학교 관계자의 목소리를 직접 들어보자.

"우리 회사 신입사원 합격자 성비를 보면, 남자와 여자가 7:3이다. 그런데 이것은 남자와 여자를 차별해서 생기는 것이 아니다. 우리 회사는 생산과 연구개발, 영업 분야의 채용이 많은데 그 분야에 여성 진출은 미약하다." – 전자회사 인사담당자

"우수한 여자 인력을 많이 뽑고 싶어도 여자가 많이 지원하지 않아 아쉽다. 보통 여자들은 우리 업종을 칙칙하고 딱딱할 것이라고 여겨 선호하지 않는다. 사내 여직원 비율이 절반을 넘는 파트는 마케팅 부서뿐이다." – 타이어회사 인사담당자

"여성은 재무, 인사, 전략기획, 총무 등 경영관리 파트에만 몰리는데, 이 분야는 한 자릿수만 뽑는다." – IT기업 인사담당자

"남학생에 비해 여학생이 현장에서 뛰는 것보다 내근직 같은 쉽고 편한 일만 하려는 성향이 강해 일자리를 추천하기가 어렵다." – 대학교 학생부처장

여성은 전공이나 진로를 선택할 때 전통적으로 여자를 선호하거나 성차별을 받지 않거나 사무실에서 일하는 분야를 선택하는 경향이 강하다. 이러한 현상을 이

야기하는 논문과 보고서도 수십 편이다. 나 역시 상담을 하면서 이런 경향을 피부로 느낀다. 내가 만난 여학생들은 대체로 은행, 화장품, 백화점 등의 산업을 선호하고, 직무는 인사, 마케팅, 홍보, 해외영업 등을 원했다. 그런데 여자가 관심을 갖는 산업이나 직무를 보면 신규 TO가 매우 적다. 여자가 선호하는 대표적인 업종의 신규 TO를 모두 더해도 삼성전자 한 곳이 뽑는 인원에 미치지 못한다.

지난해 한 의류회사에서 인사담당자를 뽑았을 때 경쟁률은 자그마치 2,000:1이었다. 여자는 이처럼 주로 TO가 적은 분야만 몰리니 취업이 더 어려운 것이다. 보통 여자가 남자보다 스펙이 우수하다. 하지만 여자가 그들만의 리그에서 경쟁한다면 남자보다 좋은 스펙은 의미가 없다. 당신의 경쟁자는 남자가 아니라 더 뛰어난 능력을 지닌 다른 여자이기 때문이다.

취업을 희망한다면 다시 한 번 현실을 돌아보고 자신을 살펴보자. 당신은 정말 자신만의 철학과 비전을 갖고 지원 분야를 선택했는가? 혹시라도 친구 따라 강남 가는 양 주변 분위기에 휩쓸려 일부 회사와 직무에 입사지원을 하고 있는 것은 아닌가? 자동차회사 인사담당자는 "채용 시 여성지원자가 남성에 비해 차별 대우 받는 경우는 전혀 없다. 여성을 많이 뽑고 싶지만 특정 분야에 집중되는 것이 안타깝다. 자기만의 철학이 없이 무조건 마케팅을 하려는 태도는 재고할 필요가 있다."고 말했다.

만약 뚜렷한 가치관과 비전을 갖고 자신만의 진로를 세웠다면 그 분야를 고수하라. 하지만 그 반대의 경우라면 일단 멈춰라. 그동안 여성 전유라고 간주했던 분야에서 과감하게 벗어나 보다 폭넓은 일자리에 눈을 돌리는 것은 어떨까. 조선, 중공업, 자동차 등의 기간산업도 요즘 능력 있는 여성 인재를 찾아 나서고 있다. 당신을 필요로 하는 곳은 생각보다 많다. 지금 당신에게 필요한 것은 진정으로 원하고 잘할 수 있는 직업이 무엇인지 탐색하고 공략하는 것이다.

스펙에 편향된 당신, 단점을 보완하는 방법

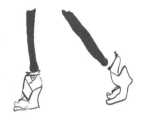

1. 기껏 힘들게 쌓은 스펙이 필요 없다고?

증권회사 인사팀 대리는 "요즘 입사지원서나 면접을 보고 있노라면 소위 말하는 스펙을 더 이상 쌓기도 어려울 정도로 준비된 지원자들이 부지기수"라고 말했다.

스펙 과잉 시대다. 기껏 힘들게 쌓았는데 기업에서는 스펙만 보고 뽑지 않는단다. 힘 빠지는 소리다. 하지만 객관적으로 볼 필요가 있다.

한 자동차 회사에 입사한 신입사원 280명의 스펙을 보면, 최고 학점은 4.44, 최저학점은 2.74로 편차가 매우 크다. 토익점수 역시 990점 만점자가 있는 반면 570점으로 합격한 신입사원도 있다. 스펙 중심이던 시절에는 감히 생각할 수도 없는 결과다.

기업은 채용을 할 때 종합적인 평가를 한다. 스펙은 어디까지나 참고사항일 뿐 당락을 결정하는 변수가 아니다. 그룹사 인사팀 차장은 "서류전형에서 학점과 토익 등 점수에 최소기준을 두고 있다. 이 기준만 합격하면 모두 통과된다. 학점 3.0점은 학교 출석 여부를 보기 위한 것이다. 회사 출석과 관련이 있기 때문이다. 그래서 학점을 따기 위해 너무 애쓰지 말라고 얘기하고 싶다. 흔히 'A폭격기'라고 해서 학점을 후하게 주는 교양과목을 듣는데 차라리 그 시간에 심화 전공과목을 듣고 그 안에서 많은 경험을 쌓는 게 좋다. 어려운 과목을 들으면 부여되는 과제 역시 버겁다. 이걸 해결해봐야 한다."고 강조했다. 은행 인사담당자는 "너무 스펙에 매몰돼 넓이가 아닌 깊이에만 치중한 경우가 많다. 사회적 비용도 너무 많이 들어가지 않나. 기본 3종 세트에 CPA, 심지어 변호사 자격증까지 들고 오는 사람도 있다. 그런데 과연 그런 친구들이 폭넓은 경험을 하고 문제 해결 솔루션을 가지고 있는지는 의문이다."라고 말했다.

당신의 스펙도 좋고, 다른 사람의 스펙도 좋다. 가만히 한번 들여다보라. 스펙만 보고 그 안에 담겨 있는 게 무엇인지 알 수 있는가? 여기

두 명의 여학생이 있다. 자동차 모터쇼 관람과 자동차 잡지 구독이 취미인 미선 씨는 얼마 전 수입 자동차 회사에서 인턴을 하면서 고객을 상대로 차를 판매한 경험이 있다. 중국어를 전공하는 세원 씨는 9호선 개통할 때 한 달 동안 환승안내 아르바이트를 했다. 개찰구 내부에서 허둥대는 승객들을 돕는 일이었다. 뿐만 아니라 아시아나 승무원 체험교실을 통해 비상착수훈련과 서비스 롤플레이 등을 교육받기도 했다. 당신은 미선 씨와 세원 씨가 어떤 일을 원하는지 쉽게 알 수 있을 것이다. 그렇다. 미선 씨는 자동차 마케팅을, 세원 씨는 공항서비스를 희망한다. 이런 내용이 스펙에 제대로 담겨 있을까? 아니다. 절대 스펙만으로는 그녀들의 열정이나 관심사를 알 수 없다. 그게 스펙의 함정이다.

물론 한 방향으로 잘 쌓은 스펙은 당신의 열정을 보여주고도 남는다. 반면 우왕좌왕한 스펙은 인사담당자를 헷갈리게 만든다. 홍보담당자를 희망한다면 '토익 만점' '조기 졸업' '증권투자상담사 자격 취득' 등의 이력은 큰 의미가 없다. 당신의 이력서에 나와야 할 단어는 '뉴스 클리핑' '여론 모니터링' '신문 스크랩' '보도자료' '토론' '글쓰기' 등이다.

어떤 스포츠 선수도 야구와 농구, 축구, 하키를 모두 탐내며 기웃거리지 않는다. 한 분야에 대한 애정을 갖고 몰입한다. 취업도 마찬가지다. 자신만의 목표가 있고 이를 위해 굵은 땀방울을 흘린 지원자가 합격한다. 뚜렷한 방향 없이 그저 남을 쫓아가며 쌓은 스펙은 인사담당자를 설득할 수 없다. 지금부터라도 방향을 설정한 후 그에 맞춰 자신의 스펙을 정리하라. 전자회사 글로벌채용그룹 차장은 "자기소개서나 면접 때 대학생활을 어떻게 보냈는지를 꼭 묻는 건 그만큼 중요하기 때문이다. 직업적인 비전이 명확하고 이를 향해서 가는 모습이 스펙으로 드러나야 한다. 스토리가 곧 스펙인 셈"이라고 말했다.

2. 스펙 더하기 알파로 승부하라

●

나는 상담을 하면서 '스펙여왕'을 자주 본다. 또 '스펙여왕'을 동경하며 토익점수와 학점관리에 온 신경을 쓰는 여자를 자주 만난다. 물론 스펙은 없는 것보다 있는 게 낫다. 하지만 스펙을 쌓으려면 그만큼 기회비용이 많이 든다. 당신이 힘들여 쌓은 스펙을 기업이 알아주지 않는다면 너무 아깝지 않은가? 기업은 더 이상 보편화된 스펙을 대단하게 여기지 않는다. 스펙은 업종에 대한 관심과 성실함을 증명할 수 있는 수준이면 된다. 그렇다면 기업이 탐내는 인재가 되려면 어떤 준비를 해야 할까?

바로 지원 분야에 대한 열정을 쌓는 것이다. 들어가고자 하는 회사에 얼마나 관심이 있는지, 준비는 얼마나 했는지 당당하게 말할 수 있어야 한다. 경험의 폭과 질은 열정과 관심을 반영한다. 전자회사 인사지원팀 부장은 "기업에서 원하는 사람은 문제 해결을 잘하는 사람이다. 일이 곧 문제이기 때문이다. 나도 일을 하면서 문제가 없었던 날은 한 번도 없었다. 그래서 대학 때의 경험이 필요한 거다."라고 말했다. 유통회사 인사담당자 또한 "스펙이 뛰어넘을 수 없는 것이 '경험'이라고 생각한다. 경험을 만들려면 시간이 필요하기 때문이다. 자신만의 이야기로 전문성을 만들기 바란다. 그것이 어떤 스펙보다 위력적인 입사 성공의 열쇠가 된다."고 강조했다.

어릴 때부터 유난히 옷을 좋아했던 미란 씨는 대학교 2학년 때부터 백화점 입사를 위해 유명 청바지 브랜드의 모니터요원, 동대문 종합 의류쇼핑몰 객원 마케터로 활동했다. 우리나라 백화점보다 앞서 있는 의류 직매입과 편집 매장 운영 현황 등을 살펴보기 위해서 혼자 일본 이세탄백화점으로 탐방을 떠났다. 비용은 객원 마케터 활동을 하면서 받은 수당을 모아서 마련했다. 백화점 인턴사원에 도전했을 때는 누가 시키지도 않았는데 디지털 카메라를 들고 본점 곳곳을 촬영해 '환경 개선 보고서'를 만들어 제출했고, 옥상공원에서 '어린이 골프대회'를 열면 좋겠다는 아이디어를 내 이벤트를 성사시키기도 했다. 그녀는 곧 인턴을 마치고 정규직으로 전환되었다. 이후 행사매출 콘테스트, 고객응대 서비스, 업무 혁신 부문에서 3관왕을 달성하는 등 백화점업계가 주목하는 떠오르는 별이 됐다.

증권회사 기업금융본부에 합격한 도연 씨는 스펙 대신 열정으로 승부를 걸었다. 그녀는 어학성적이 낮았고, 금융권 입사자들이 흔히 갖고 있는 금융 관련 자격증도 없었다. 하지만 독일의 경영학 전문대학에서 재무 관련 수업을 찾아 듣고 국내 한 증권사의 필리핀 지사에서 인턴으로 근무하면서 세계 각국의 금융시스템에 대해 간접적으로 배웠다. 이러한 노력이 증권회사 채용문을 넘는 무기가 되었다.

유통회사에 입사한 진아 씨도 마찬가지다. 그녀는 한 유통회사가 중국 진출을 가속화한다는 뉴스를 보고 학교의 국제교류 프로그램을 통해 중국으로 어학연수를 떠났다. 어학연수 기간 동안 유통회사 매장에서 3개월간 아르바이트를 하며 현지 상황을 체험했다. 처음에는 중국어 인사말도 몰랐지만 적극적으로 노력한 끝에 어느 정도 생활회화를 구사할 수 있었다. 이뿐만 아니다. 중국에 있는 동안 기차와 버스를 타고 상하이, 텐진 등 중국 30여 개 도시를 돌아다니며 유통회사 매장을 찾아다녔다. 그때 모은 명함만 70여 장. 그녀는 면접 때 명함집을 들고 가서 적극적으로 자기PR을 했다. "1년 동안 중국 내 유통회사 점포를 발로 뛰며 70여 장의 명함을 모았습니다. 입사 후에도 철저한 현지 시장 조사와 분석으로 우리 회사의 중국시장 진출을 적극 돕겠습니다." 면접관이 어떤 표정을 지었을지는 쉽게 예측할 수 있을 것이다.

진아 씨의 사례 중 우리가 지금 당장 벤치마킹할 수 있는 부분이 있다. 바로 유통회사 매장을 찾아다니며 70여 장의 명함을 모은 것 말이다. 꼭 중국으로 떠나야만 하는 것은 아니다. 주변에서 쉽게 중국인 유학생과 관광객을 만날 수 있지 않은가. 3일만 투자하면 누구든 진아 씨처럼 멋진 스토리를 만들 수 있다.

오랫동안 한 우물을 파왔다면 좋겠지만, 그렇지 않았다고 해서 낙담할 필요는 없다. 열정은 시간이 아니라 몰입에 정비례한다. 지금부터라도 '이건 내 것'이라는 생각이 든다면 앞뒤 재지 말고 푹 빠져라. 아동복지학을 전공한 수진 씨가 은행에 입사한 비결은 인연이 닿은 그 순간부터 은행과 고객만 생각했기 때문이다. 그녀는 한 은행의 청년인턴에 참여한 다음 내내 '열공' 했다. 주택청약종합저축 상품 등 고객에게 인기 많은 상품은 설명 자료를 통째로 외워 응대했다. 기업 고객이 많은 지점에서 근무할 때는 직장인들이 휴가 기분을 느낄 수 있도록 '바캉스 점포' 아이디어를 냈으며, A4 용지에 잘 팔리는 상품을 종류별로 간추린 뒤 예쁜 장식을 해서 영업에 활용하기도 했다. 이처럼 열심히 노력하는 그녀를 기업이 몰라볼 리 없다. 현재 그녀는 아동복지학 전공을 살려 아주머니 고객들에게 인기몰이 중이다.

지금 이 순간 도서관에서 스펙 쌓기에 열중하고 있다면, 전략을 바꾸는 것은 어떨까? 당신이 호텔리어가 되고 싶다면 도서관 공부는 당장 멈추고 호텔에서 현장 경험을 쌓으며 세계 호텔 체인을 줄줄 읊어대라. 다양한 경험이 쌓일수록 면접에서 퍼 올릴 샘물은 깊어지게 마련이다. 자, 지금도 늦지 않았다. 사랑에 빠져 뱃속에서 나비가 날아다니는 듯한 느낌이 일어나는 데는 단 0.2초밖에 걸리지 않는다고 한다. 당신은 무엇을 뜨겁게 사랑하고 싶은가?

합격 선배의 <경험> 추천

"교육방송국에서 수학을 가르치고 있어요. 저는 법학 전공자인데, 수학과목은 비전공자에게도 기회를 열어놨죠. 약력과 동영상 샘플을 보내서 카메라테스트를 받았어요. 학창시절 수학을 좋아했고, 학원에서 수학을 가르쳤을 때 교육생 반응도 괜찮았거든요. 다행히 수학 전공자와 온라인 강의 경험자들 사이에서 제가 뽑혔습니다.

－방송국 수학 강사

"자동차회사가 운영하는 레드 아뜰리에 경험을 쌓았어요. 자동차 업계 최초의 여성 마케터 그룹이죠. 서울모터쇼 참관, 시승차 선택, 신차발표회 참관 등 다양한 활동을 하면서 마케팅 감각을 키울 수 있었죠."

－통신회사 마케터

"미국 여행 중 실패 컨퍼런스에 참가해 강연을 들었어요. 기업가들이 나와서 자신은 어떻게 실패했는지, 그 실패로부터 무엇을 배웠는지에 대해 이야기를 했죠. 면접 때도 이 부분을 강조했어요."

- 제조회사 영업

"온라인 쇼핑몰 두 곳에서 의류를 판매했어요. 소비자의 성향과 트렌드를 파악하는 데 도움이 됐어요."

- 온라인쇼핑몰 의류 상품기획자

"특허유니버시아드 대회에 참가해서 입상한 경험이 있습니다. 면접 때도 관련 질문을 많이 받았어요. 연구개발을 희망한다면 특허와 지적재산권에 관심을 가져보세요."

- 전자회사 연구원

"마술이 취미입니다. 마술은 여러 가지 장점이 있습니다. 처음 보는 사람과도 쉽게 친해질 수 있고, 심리를 이해하고 화술을 익히는 데도 도움이 됩니다."

- 백화점 영업관리자

"여성 야구동호회에서 활동했습니다. 직업도, 연령대도 다양한 회원들과 함께 그라운드에서 땀을 흘리다 보니 좋은 점이 많았어요. 야구동호회 활동은 면접 때 단골 질문이었죠."

- 건설회사 설계 담당자

"홈쇼핑에서 명절 단기 상담 아르바이트를 했어요. 자동차 고장접수와 텔레마케팅 아르바이트 경험도 있죠. 고객접점에서 일했던 경험을 좋게 봐 주셨어요."

– 은행 텔러

"휴학 기간 동안 선배를 도와 식품 사업에 참여했습니다. 이때 제품과 전략이 좋아도 사람 관리가 되지 않으면 성공할 수 없다는 것을 깨달았습니다. 이 경험을 토대로 인사 관련 수업을 들으며, 인사에 대한 꿈을 키웠습니다."

– 보험회사 인사 담당자

"컴퓨터 분야 외에 벤처 창업과 광고 동아리 활동을 하면서 새로운 분야를 접해 보려고 많이 도전했어요. 이러한 열정을 어필했죠."

– IT회사 기획 담당자

"새벽에 신문과 녹즙을 배달하는 아르바이트를 했습니다. 배달뿐 아니라 상품 교육, 고객 유치, 수금 등 다양한 경험을 했습니다. 새벽에 만난 사람들 이야기를 꺼내면 면접관들의 표정이 달라졌습니다. 다들 호감을 보여주셨죠."

– 유통회사 점포 관리자

"토론대회에 참여하면서 의사소통방법을 배웠습니다. 또한 국제학교에서 외국인 대상으로 김밥을 판매한 경험 등이 적극성을 키우는 데 도움이 되었죠."

– 여행 상품기획자

"자동차 공장에서 틈틈이 생산직 아르바이트를 했습니다. 면접 때 해당 분야 전문용어를 많이 알고 있다고 칭찬도 받았습니다."

- 자동차회사 영업 담당자

"초등학교 1학년 때부터 10년 동안 일본에서 생활했어요. 일본 사회와 문화에 대한 이해가 높은 것을 강조했죠. 대학교 때 방송국 인턴과 영화제 봉사활동, 번역 활동 등에 참여하며 문화콘텐츠와 해외사업에 관심이 있다는 것도 어필했어요."

- 게임회사 해외라이센스 담당자

묻지마 지원자에서 콩깍지 지원자로 거듭나라

　정희 씨는 은행 입사를 희망하고 있었다. 이력서를 보니 스펙이 아주 좋았다. 유명 대학에 높은 학점, 금융3종세트, 200시간의 봉사활동, 금융동아리 활동, 모의투자 경험, 은행홍보대사 등 뭐 하나 빠지는 것이 없었다. 그녀는 상반기 공채 때 은행 7군데에 입사지원을 했는데 이 중 6곳 서류전형에 붙었다. 하지만 면접에서 모두 불합격하고 말았다.

　"면접관이 지원동기를 물었어요. 평소 은행에 관심이 많아서 지원했다고 답했더니 갑자기 면접관 표정이 안 좋아졌어요."

불합격 원인은 이 때문이었다. 정희 씨의 마음에 '은행'은 있었지만, '그 은행'은 없었다. 철강회사 인재혁신실장은 "취업에서 가장 중요한 본질을 놓치는 지원자가 많다. 자신이 어떤 분야에서 일하고 싶은지, 지원한 기업이 자신에게 맞는지에 대한 고민 없이 채용 규모나 기업의 외양만을 좇아 지원하는 것이다. '묻지 마' 지원자는 탈락 1순위"라고 말했다.

만약 당신이 회사 직원이라면 후배 사원이 '묻지 마 지원자'이길 바라는가, '소신 지원자'이길 바라는가? 너무 당연한 것을 묻는다고? 그렇다면 이 당연한 질문에 당신은 어떤 모습을 보이고 있는가? 상담을 하다 보면 소신 지원하는 취업준비생보다 묻지 마 지원하는 취업준비생을 찾는 것이 더 빠를 정도다. 어제 만난 그녀도 마찬가지다.

"4달 동안 구직활동을 하면서 총 300여 개 회사에 지원했어요. 서류통과는 5개뿐이었고, 그중 2곳은 임원면접에서 탈락했죠. 최종에서 떨어지고 참 많이 울었어요. 좌절감이 들어 아무 일도 손에 잡히지 않았어요. 입사지원을 할 때 다른 회사 자기소개서 베껴서 건성으로 넣긴 했지만 이렇게 취업이 어려울 줄은 몰랐어요."

자, 위 지원자의 패인은 무엇일까? 그렇다. 건성으로 지원했기 때문이다. 여기 저기 아무 곳에나 넣다 보면 많이 떨어지고 '불합격'은 곧 자신감 상실로 이어질 수 있다. 이왕이면 취업도 전략적으로 하자. 일주일에 한 곳이라도 진짜 원하는 회사를 골라 전략적으로 준비해보라. 합격률이 더 높아진다.

유홍수 LIG투자증권 사장은 전 직원의 이름을 거의 다 외우려고 노력한다. 전 직원의 얼굴과 이름, 생년월일, 조직도를 회사는 물론 집 식탁, 침실 협탁, 자동차 안 곳곳에 모두 붙여두었다. 부서별 회식이 있는 날이면 참석자 명단을 따로 뽑아 놓고 반드시 외운다. 회사와 CEO에 대한 신뢰는 이런 작은 것에서 시작된다. 기업과 지원자의 신뢰 역시 이처럼 작은 데서 싹튼다.

'2020@aekyung.kr'. 이는 애경그룹 김재천 인사팀장의 e-메일 주소다. 2020년까지 애경에서 열정적으로 일해보자는 뜻에서 그렇게 지었단다. 인사팀장으로서 김 팀장의 목표는 그때까지 어디에 내놔도 빠지지 않을 100명의 직원을 길러 내는 것이라고 했다.

"오늘 이 자리를 통해 만난 사람 중 '2040@aekyung.kr'이란 e-메일 주소를 갖게 될 신입사원이 나왔으면 합니다." 그는 한 일간지가 마련한 '취업선배와의 대화'에서 이렇게 말했다. 이쯤에서 눈치 빠른 그녀들은 이메일 계정을 만들기 위해 분주할 것이다. 기업 인사담당자가 원하는 것은 바로 이런 섬세한 마음이다.

요즘은 드라마도, 소설도 전문적인 것이 뜬다. 정유정 작가는 취재를 열심히 하는 작가로 유명하다. 정신병자 주인공을 그리기 위해 정신병동에 들어가 한 달간 생활했고, 시력을 잃어가는 주인공을 묘사하기 위해 야간산행을 했다. 잠수 관련 이야기를 쓸 때는 잠수 관계자를 만나 조언을 구한 것은 물론이요, 그를 만나기 전에 잠수 관련 책을 7권이나 사서 한 달간 공부하기도 했다. 이렇게 꼼꼼한 취재를 바탕으로 소설을 써 내려가니 독자의 사랑을 받는 것은 당연한 노릇이다.

이기원 작가는 의학과 법률에 대한 지식을 극복하기 위해 2년을 꼬박 병원과 변호사 사무실에서 살다시피 했다. 그리고 매주 500매 분량의 원고를 토해낼 만큼의 강행군을 거쳐 의학 전문드라마 〈하얀거탑〉을 완성했다. 그런 힘든 과정을 통해 비로소 작품이 태어나는 것이다.

취업도 마찬가지다. 인사담당자의 사랑을 받으려면 당신 먼저 그 회사와 직무에 콩깍지가 씌워야 한다. 한 신문사 편집장이 신문사 입사를 원하는 구직자에게 던진 조언에 귀 기울여보라.

"목표로 하는 회사 내의 표기법까지 하나하나 살펴보세요. 숫자나 시간, 단위 표기가 각 회사마다 다르기 때문에 이를 확인해서 자기소개서나 논술에 쓰면 '우리 신문을 잘 보는구나.'라는 느낌을 줄 수 있습니다."

사소한 표기법까지도 챙기는 것, 바로 콩깍지가 씌워진 사람만이 할 수 있는 일 아니겠는가.

"스판덱스 같은 박현아입니다. 섬유업계에서 감초가 된 스판덱스는 뛰어난 탄성도를 자랑합니다. 원래 길이의 5~7배까지 늘어나는 스판덱스처럼 5~7배 더 열심히 업무를 배우겠습니다. 탄성 회복률이

97%나 되는 스판덱스처럼 초심을 잃지 않겠습니다. 그리고 어떤 의류에도 사용할 수 있는 스판덱스처럼 언제, 어디서든 필요한 효성의 인재가 되겠습니다."

일간지에 소개된 박현아 씨의 야무진 '스판덱스론'이다. 효성의 인턴사원 실무 면접에 지원한 현아 씨는 1분간 주어진 자기소개 시간에 스판덱스론을 펼쳤다. 1분 자기소개만 들어도 확 느낌이 오지 않는가? 콩깍지가 씌워진 사람은 첫 눈에 티가 난다. 그녀는 최근 3년간 관련 기사를 모두 찾아 읽을 만큼 열심히 준비를 했다고 한다. 이런 노력을 인정받아 인턴사원이 되었고, 8주간의 인턴과정을 거쳐 스판덱스 퍼포먼스유니트 국내영업팀에 들어갔다.

여자는 보통 사랑에 빠지면 간이고 쓸개고 다 빼준다. 취업할 때도 이 전략이 필요하다. 콩깍지가 씌워진 그녀들은 누가 시키지 않아도 적극적으로 정보 수집에 나선다. 기업에 진출한 선배와 동기를 만나 사내 문화와 업무 성격을 탐색하고 회사 홈페이지와 협회, 전문지 등을 찾아다니며 정보를 모은다. 회사 연혁은 기본이요, 해당 산업 동향과 제품별 특성, 용도, 고객사 특성을 자세히 살펴본다.

한 홈쇼핑회사 인사팀장은 회사 서비스를 이용하거나 회사를 방문한 적이 있느냐는 질문에 없다고 답하는 지원자가 꽤 많다고 아쉬움을 표했다.

"관심을 보여준다는 측면에서 서비스를 이용해 보는 것은 기본예절입니다. 회사를 외부인에게 소개하는 1층 로비만 방문해도 회사의 분위기를 느낄 수 있습니다."

합격을 원한다면 '묻지 마 지원자'에서 '콩깍지 지원자'로 거듭나야 한다. 미래의 일터를 미리 둘러보고 선배 사원이 즐겨 찾는 식당에서 밥을 먹으며 취업의지를 다지는 것은 '콩깍지 지원자'가 되는 지름길 중 하나다.

자, 다시 한 번 정리해보자. 현대자동차 취업에 관심이 있다면 본사 방문과 잡페어 참가는 기본이요, 트위터 팔로우도 신청하라. 故 아산 정주영 명예회장의 추모 사진전에도 방문해보라. 이밖에도 현대기아 R&D 모터쇼, 신차 드라이빙 스쿨, 해피무브 글로벌 청년봉사단, 영 현대 글로벌 대학생 기자단 등 현대자동차가 주최하는 프로그램이 얼마나 많은가? 모두 당신의 취업을 도와줄 훌륭한 소스다. 하나도 놓치지 말고 챙겨라. 인터넷에 떠도는 '~카더라' 식 정보가 아니라 직접 부딪쳐 얻은 정보가 당신을 취업난에서 구할 것이다.

기업 관련 책

기업	도서명
기아자동차	〈기아는 어떻게 위기를 극복했는가?〉
김앤장	〈김앤장 이야기〉
다음커뮤니케이션	〈즐거운 다음 설레는 제주〉

롯데	〈청년 신격호〉
맥도날드	〈맥도날드 사람들〉
미래에셋금융그룹	〈돈은 아름다운 꽃이다〉
미스터피자	〈나는 꾼이다〉
본죽	〈정성〉
블랙야크	〈블랙야크〉, 〈오늘도 도전이다〉
삼성	〈인사이드 삼성〉, 〈이건희 27법칙〉, 〈삼성전자 3.0이야기〉
오케이아웃도어닷컴	〈오케이아웃도어닷컴에 OK는 없다〉
유한킴벌리	〈유한킴벌리 이야기〉
이노레드	〈유쾌한 도전〉
이랜드	〈이랜드 뉴 프런티어 마케팅전략〉
자산관리공사	〈KAMCO 성공스토리〉
카카오톡	〈어제를 버려라〉
카페베네	〈카페베네 1등 성공 신화〉, 〈카페베네 이야기〉
코레일유통	〈사람과 꿈 그리고 성공이야기〉
티켓몬스터	〈티몬이 간다〉
포스코	〈강한 현장이 강한 기업을 만든다 POSCO WAY〉, 〈박태준 사상, 미래를 열다〉
현대자동차	〈뉴브릴리언트 컴퍼니〉, 〈현대자동차의 품질과 경영〉
현대카드	〈PRIDE : 현대카드가 일하는 방식 50〉, 〈현대카드 이야기〉
BT&I	〈나는 99번 긍정한다〉
IDEO	〈유쾌한 이노베이션〉

신발을 벗고,
모래사장으로 달려가라

신문을 펼쳐들면 열대 밀림 같은 기업현장의 이야기를 쉽게 접할 수
있다. 한 식품회사 부장, 그는 몇 년 전 회사로부터 특명을 받았다. 세
계 최대 코코넛 산지인 필리핀과 인도네시아로 날아가 코코넛 껍질을
원하는 대로 공급받을 수 있는 최적의 공장 후보지를 찾으라는 것이
었다. 부장은 14개월 동안 필리핀과 인도네시아 밀림을 발로 뛰어다
녔다. 숙소에서 도둑을 만나는가 하면, 필리핀 오지의 섬에서 단지 외
국인이라는 이유만으로 경찰서에 억류됐다 풀려나기도 했다. 40도가

넘는 밀림을 다니며 많은 어려움을 겪었지만 오직 코코넛 껍질만 생각한 덕에 회사의 특명을 완수할 수 있었다.

비즈니스 현장에서 살아남기 위해서 필요한 정신이 하나 있다. 다름 아닌 헝그리 정신이다. 이는 어디에 떨어뜨려놔도 살아남을 수 있는, 힘든 일도 최선을 다하는 마음가짐을 의미한다. 비단 경제적인 어려움만을 의미하는 것이 아니다. 새로움이 고프고 꿈이 고프고 가능성이 고프면 다 헝그리 정신이다.

한 금융회사 사장은 신입사원 선발 원칙으로 지원자의 고생 경험을 꼽았다. 부모와 재산 현황을 보고 지원자의 학벌과 인성을 본 다음 엘리트 코스를 순탄하게 걸어온 경우는 탈락시킨다.

"우리 회사처럼 불확실한 미래를 개척해야 하는 일에는 헝그리 정신이 없는 사람은 '땡'입니다. 훌륭한 인재가 아니라 회사에 쓸모 있는 사람을 뽑아야죠. 쓰려고 뽑는 것이지 떠받들기 위해서가 아니지 않습니까?"

인생의 곡절을 여러 차례 겪은 기업의 CEO는 본능적으로 헝그리 정신을 갖춘 인재를 알아보는 더듬이를 갖고 있다. 한 건설회사 회장은 젊은 시절 11년을 열사의 사막에서 보냈다. 혼자 힘으로 뭔가 이뤄보고 싶었기 때문이다. 사막에서 길을 잃으며 살아남는 법을 배운 CEO가 헝그리 정신을 갖춘 인재에게 끌리는 것은 당연하다.

요즘 시청자가 집중하는 이야기의 주제도 '고진감래(苦盡甘來)'다.

세상 살기가 팍팍해져서인지 최고스타의 사생활 이야기보다 무명배우의 파란만장한 고생담에 더 감정을 이입한다. 고난 속에서도 도전하고 노력하고 문제를 해결하기 위해 노력한 스토리 말이다. 불황 속에서 힘든 것은 개인뿐만이 아니다. 사업하기도 힘들어졌다. 이런 분위기이다 보니 기업 임원이나 CEO는 헝그리 정신을 갖춘 지원자를 선호하는 것이다.

인재상을 보면 취업의 정답은 이미 나와 있다. 한 기업 인사담당자는 창의, 도전, 열정 등의 단어가 결국 헝그리 정신을 뜻하는 것이라고 했다. 증권이나 제약회사가 신입에게 영업직부터 시키는 것도, 제조회사가 대졸 사무직 사원을 생산현장에 잠시 배치하는 것도 이러한 마음가짐을 심어주기 위해서다. 기업이 지원자에게 '살면서 가장 힘들었던 점'을 묻는 이유도 헝그리 정신을 확인하기 위해서다.

하지만 과거에 비해 경제적으로 안정된 시기이다 보니 부모 세대가 가졌던 치열한 목적의식이나 헝그리 정신을 지닌 20대는 많지 않다. 자라면서 특별히 어려움을 겪거나 아쉬운 소리 한 번 해본 적 없는 고학력 여성의 경우 헝그리 정신을 갖기란 더욱 쉽지 않다. 한 외국계회사 50대 임원은 다음과 같이 꼬집었다.

"요즘은 자신만이 주목받길 원하는 공주병에 걸린 젊은이가 너무 많아요. 그래서 무수리형 인간이 더 돋보일 수 있어요. 힘든 일, 사소한 일도 마다하지 않고 기꺼이 웃는 얼굴로 감내하는 젊은이가 드물어요. 대학 다닐 때 도서관에서 공부만 하지 말고 어떻게 사회가 돌아가는지, 돈 벌기가 얼마나 힘든지 알아보세요. 이런 경험이 모두 직장 생활을 하는 데 도움이 됩니다."

지금까지 세상과 부딪히며 살아오지 않았다고 해서 너무 겁먹을 필요는 없다. 헝그리 정신은 콩나물과 같다. 작은 도전이라는 물을 계속 주면 기업을 감동시키고 험난한 직장생활을 이겨낼 만한 헝그리 정신을 키울 수 있다. 우선 작은 것이라도 도전해보자. 미연 씨는 실행력과 커뮤니케이션 능력을 쌓기 위해 물물교환 여행을 떠났고, 정희 씨는 적극성을 키우고자 심야토론 방청에 적극 참여했다. 연주 씨는 책임감을 기르기 위해 고시원 생활을 자처했고, 나희 씨는 인생의 희로애락을 배우고자 형사 공판을 보러 다녔다. 이들은 모두 자신만의 스토리로 기업의 마음을 얻었다.

아직도 마음에 동요가 일지 않았다면 프로 복서 김주희 선수가 쓴 청춘노트, 〈할 수 있다 믿는다 괜찮다〉를 읽어보길 권한다. 그녀는 선천적으로 몸이 약했다. 악성 빈혈이 있었고 뼈는 쉽게 부러지는 '닭뼈'였으며 피부는 물러 터져서 몇 대 맞으면 퉁퉁 부어올랐다. 권투선수로서 모든 게 핸디캡이었지만 이 모든 역경을 넘어서 여자복싱 사상 최연소 세계 챔피언에 올랐다. 권투가 좋아 죽을 만큼 훈련에 매달렸기 때문이다. 그녀는 헝그리 정신이란 배고픈 것이 아니라 넘어져도 다시 일어서는 것이라고 말했다.

"누구나 위기에 처했을 때 극복해 나가는 방법이 있겠지만 권투선수는 본능적으로 일어나는 걸 배웁니다. 권투를 통해 어떤 어려움을 만나도 극복할 수 있다는 배포가 생겼습니다. 배추 장사를 해도 그 분야에서 톱이 될 자신이 있습니다."

김주희 선수의 이런 당찬 메시지야말로 기업이, 세상이 원하는 목소리다. 간도 쓸개도 빼놓고 일해야 하는 직장에서 헝그리 정신이 없으면 살아남기 힘들다. 시인 신현림이 시 〈헝그리 정신〉에서 노래한 것처럼 '밥 속에 헝그리 정신을 비벼 넣고, 몸속에 헝그리 정신 채워 넣고, 손에 헝그리 볼펜 감싸 쥐고' 준비하자! 우리의 꿈과 희망을 위해 말이다.

채용설명회 200% 활용하기

"우리 회사 핵심 직무는 SI/SM이다. 이 직무를 가장 많이 뽑는다. 되도록 이 직무에 지원하라."

- IT회사

"지역 지망도 중요하다. ○○지역은 아직 보수적이라 여자사원을 많이 안 뽑는다. 여자는 ○○보다는 서울 쪽으로 지원하는 게 더 유리하다."

- 화장품회사

"○○대생의 합격비율은 7%선이다. 100명이 지원하면 7명 정도가 합격한다."

- 자동차회사

"현실적으로 모든 자기소개서를 정독하기는 힘들다. 인사담당자마다 다르지만, 나는 자기소개서를 읽을 때 항목별로 소제목과 앞에 두 줄만 읽는다. 그것만 봐도 지원자의 차별성을 알 수 있다."

- 식품회사

"글로벌 쪽은 영어 실력이 매우 중요하다. 네이티브 수준으로 영어 회화가 뛰어나고 토익 점수가 만점 가까이 되는 사람만 지원하는 게 유리하다."

- 제조회사

자, 이렇게 현실감 넘치는 이야기는 어디에서 들을 수 있을까? 바로 채용설명회에서다. 기업이 직접 학교를 찾아다니며 응모 요강과 인재상을 설명하는 채용설명회는 보통 인사부서에서 진행하는 공식적인 특강 형태의 자리와 1:1 개별면담으로 나눠 진행된다. 아무래도 공식적인 자리보다는 1:1 개별면담을 통해 보다 솔직한 이야기를 나눌 수 있다. 채용설명회는 우수 인재를 찾고자 하는 기업의 의지가 담긴 행사다. 적극적으로 참여할수록 많은 것을 얻어갈 수가 있다. 다양한 정보는 물론 서류전형 가산점도 챙길 수 있다. 한 회사 인사담당자는 "채용설명회에 방문했다는 것은 우리 회사에 그만큼 관심이 많다는 증거기 때문에 채용전형 시 아무래도 눈 여겨 보게 된다."고 설명했다.

인사담당자들도 채용설명회 참석을 적극적으로 권한다. 은행 인사담당자는 "채용설명회에 꼭 참석하라. 인터넷으로 보는 것과 현장에서 직접 보고 듣는 건 온도 차이가 엄청나다. 해당 기업의 인재상, 핵심가치, 비전 등 골격을 접할 수 있는 자리가 바로 채용설명회다."고 강조했다.

또 다른 인사담당자는 채용설명회에 소극적으로 참석하는 학생들에게 아쉬움을 전했다. 반도체회사 인재개발팀 실장은 "채용담당자를 하면서 가장 답답한 점이 학생들이 취업 걱정을 하면서도 정작 대학에서 하는 기업설명회에는 잘 오지 않는 것이다. 설명회에 와서도 연봉 같은 조건만 묻고 떠날 게 아니라 인사 담당자와 다양한 이야기를 나누다 보면 취업의 길이 의외로 쉽게 열릴 수 있다."고 말했다. 생활용품회사 인사팀장은 "요즘은 예년에 비해 오프라인 채용설명회보다 1:1 메일 문의, 온라인 취업설명회 등 인터넷을 통한 취업활동이 늘었다. 지원자들이 오프라인 활동에 보다 적극적으로 참여해주었으면 하는 아쉬움이 있다. 채용설명회는 합격으로 이어질 수 있는 팁을 정말 많이 얻을 수 있다."고 강조했다.

채용설명회는 인맥이 부족한 여자에게 특히 유용하다. 학교나 학과 선배와 인연을 쌓지 못했다면 이곳을 방문해 정보를 구하라.

연구개발직을 희망하는 한 여대생은 채용설명회에 방문한 후 자기소개서를 다시 썼다. 현장에서 인사팀장으로부터 자기소개서 상담을 받았는데, 연구개발 프로젝트 경험 외에도 봉사활동, 공모전 참여처럼 다채로운 경험을 넣으라는 조언을 들은 것이다. 이는 일주일 전 참석했던 다른 회사 채용설명회와 다른 내용이었다. 그 회사 인사담당자는 전문성이 중요하니 프로젝트 경험을 주로 쓰라고 했다. 이처럼 동일한 직무라 해도 회사마다 평가 포인트가 다를 수 있으니 채용설명회에 참석해서 최신 정보를 챙기는 것이 좋다.

채용설명회에 참석할 때는 사전에 회사와 직무에 대한 정보를 찾아 공부한 후 면담에 임하라. 구체적인 목표나 질문에 대한 준비 없이 찾아가면 소극적인 인상을 줄 수 있다. 질문은 어디서든 쉽게 구할 수 있는 기본적인 내용보다는 지원하고자 하는 직무가 구체적으로 어떤 일을 하는 것인지를 자세히 묻거나 회사의 비전과 이슈 등을 파악하는 게 중요하다.

자신이 다니는 학교에서 채용설명회가 진행되지 않는다면, 너무 실망하지 말고 근처 다른 학교를 방문하라. 기업이 자체적으로 진행하는 채용행사는 오히려 규모가 더 크고 볼거리가 많으므로 반드시 챙기자. 참석자는 서류전형 가산점 등 혜택을 얻을 수 있다.

특히 현대자동차, SK, 두산 등의 회사는 자기PR 과정을 따로 두어 우수한 학생에게 서류전형 면제 혜택을 준다. 자세한 내용은 채용홈페이지나 SNS를 통해 정보를 구할 수 있다. 이런 프로그램을 통해 자기PR을 할 때는 스펙이 아니라 자신만의 역량을 강조해야 한다. 블라인드로 진행되는 자기PR에서 스펙을 지나치게 강조할 경우 불이익을 받을 수 있다. 간혹 발차기나 검도 등 너무 튀는 행동을 하는 지원자가 있는데 이런 모습은 삼가라. 감정에 북받쳐 갑자기 우는 모습을 보이는 것도 금물이다.

잡페어를 진행하는 인사담당자의 목소리를 들어보자.

"직접 현장에서 많은 사례를 접하다 보니 준비를 못한 것이 확연히 보이는 참가자가 눈에 띄어 아쉽다. 스케치북이나 아이패드, 일대기를 그린 차트 등 다양한 소품을 준비한 사람도 있는데, 무엇보다 참신성에 초점을 맞추는 것이 중요하다. 한 분야에 미친 듯이 파고드는 모습이 좋다."고 강조했다.

※ 주요기업 채용설명회 행사명
기아자동차 시네마데이 / 두산그룹 잡페어 / 현대자동차 잡페어 / CJ그룹 컬처 레시피 /
LG전자 잡캠프 / SK그룹 탤런트 페스티벌

부록 | 여자가 선호하는 직무별 요구 역량

직무명	요구 역량
MD	산업 전반 및 머천다이징에 대한 기본적인 이해 조사방법론/프로세스 지식, 연간기획 및 생산일정 수립능력 유통망, 소비자 정보 등 데이터 분석능력 글로벌 소싱을 위한 소싱처 확보, 생산실무 지식
교육	조직 충성심, 교육에 대한 사명감 회계, 마케팅, 경영, 경제 관련 지식 및 문제해결능력 의사소통능력, 지속적인 학습능력, 프레젠테이션 스킬 글로벌 HR 업무 수행을 위한 외국어 회화능력
구매	원가 및 손익관리에 대한 기본적인 이해 제품 관련 지식, 시장동향 분석 및 원자재 확보능력 글로벌 소싱을 위한 외국어능력 의사소통능력, 협상능력, 건전한 윤리의식
기획	투철한 주인 의식, 인내력, 사업 통찰력, 비즈니스 마인드 문제분석능력 및 합리적인 대안제시능력 관리회계, 전략, 정보조사분석 등 전반적인 지식 논리 정연한 문장구사능력 및 의사소통기술
마케팅	소비자욕구, 고객태도, 경쟁사 전략 등 데이터 확보능력 객관적 정보를 바탕으로 한 합리적 의사결정능력 소비자 행동이론 이해, 원가/손익 관련 지식 소비자 보호법, 개인정보 보호법령 등 관련 법규 이해
무역	관세평가, 원산지 판정에 필요한 회계지식 수출입요건 확인에 필요한 공산품 품목분류 지식 뛰어난 외국어 회화 능력, 도전정신, 문제해결능력 무역 관련 국내 법규 및 국제 규칙 이해(관세법, 대외무역법, UCP 등)
연구개발	제품 개발 지식, 제품 개발에 대한 사명감 끊임없는 문제의식을 통한 개선의지 고객의 요구를 담은 창의적 아이디어 도전정신, 분석적인 사고, 커뮤니케이션 능력

영업	기업 및 상품 이해, 영업전략 수립능력 회계관리, 경영일반, 세법 관련 지식 거래처, 고객과의 커뮤니케이션 능력 판매 향상을 위한 세일즈 프로모션 실행력, 영업실적 분석력
인사	사람에 대한 깊은 이해, 원칙 준수 태도, 회사에 대한 충성심 직무 관련 지식(인사관리, 산업/조직심리학, 조사분석, 노동법, 소득세법 등) 조직 내 HR 이슈파악 및 개선능력 폭넓은 사고력, 포용력, 의사소통능력, 외국어 회화능력
재무	관련 지식(실물경제, 기업회계, 재무관리, 투자, M&A 등) 각종 법규 이해(법인세법, 소득세법, 부가가치세법, 회사법 등) 기본적인 수리능력 및 전산활용 능력 원칙 준수 태도, 치밀함, 위기관리능력, 유연함을 가진 커뮤니케이션능력
품질관리	제품에 대한 전반적인 이해 사전 리스크 예방을 위한 폭넓은 사고, 클레임 유형분석력 제조공정관리 개선 및 표준화 관리능력 개발, 생산, 영업 등 유관부서와의 커뮤니케이션 스킬
홍보	기업홍보, 경영활동에 대한 기본적인 지식 창의성, 기획력, 문장력, 적극성 대내외 고객과의 원만한 대인관계 능력, 의사소통능력 글로벌 PR 업무를 위한 외국어 회화능력

▶ 직무 선택 시 고려사항

1. 적성, 흥미, 가치, 성격 등이 지원하고자 하는 직무에 적합한가?

2. 평소 생각해왔던 직무의 업무내용이 실제와 얼마나 일치하는가?

3. 선택한 직무가 향후 경력개발에 도움을 줄 것인가?

4. 선택한 직무를 통해 조직 성과달성에 적극적으로 기여할 수 있는가?

5. 선택한 직무를 통해 보람과 일의 가치를 느낄 수 있는가?

4년 먼저 떠날 당신을
우리는 왜 뽑아야 합니까

"우리 회사는 엔지니어를 많이 뽑는데, 여자가 남자에 비해 조기퇴직률이 높습니다. 공장에 가서도 얼마 안 있어 스텝인력으로 빠져서 엔지니어 육성이 안 되는 점이 있어요."

한 전자회사 인사과장은 여직원 채용에 대한 어려움을 토로했다. 여자는 남자에 비해 조기퇴직률이 높은 편이다. 실제로 국내 100대 기업의 남녀 근속연수를 살펴보면, 남자가 여자보다 평균 4.3년 더 오래 회사를 다니는 것으로 나타났다. 철강금속, 석유화학, 자동차부품 등 전통적인 제조업의 경우 성별 근속연수 편차는 더욱 컸다. 남녀 평균 근속연수가 14년이나 벌어지는 기업도 있었다. 짧은 근속연수는 바로 여자의 취업을 가로막는 가장 큰 장애물 중 하나다.

곧 떠날 사람으로 보이는 여자 지원자와 오랫동안 함께할 것으로 보이는 남자 지원자, 당신이라면 누구를 뽑겠는가? 곧 헤어질 사람과는 연애를 시작하기도 힘든 법이다. 이 때문에 기업은 남성과 여성을 뽑을 때 다른 잣대를 들이댄다. 남성은 잠재력을, 여성은 과거의 성과를 더욱 중시한다.

기업은 당신에게 묻고 싶다.

"4년 먼저 떠날 당신을 우리는 왜 뽑아야 합니까?"

이 질문에 우리는 두 가지 확신을 주어야 한다. 떠나지 않을 것이라는 확신과 혹여 떠날지라도 근무하는 동안은 다른 직원보다 두세 배 뛰어난 성과를 낼 것이라는 확신 말이다. 이런 확신을 위해서는 뚜렷한 입사 후 목표가 필수다. 얼마 전 만났던 건설회사 인사담당자는 입사 후 포부가 추상적일수록 조기 퇴사율이 높다며 아쉬워했다. 입사 후 목표가 구체적일수록, 회사도 당신도 발전할 수 있다. 취업을 원한다면 가장 먼저 포부부터 구체화하자.

두 가지 확신은 여자가 취업문을 열 때 반드시 필요하다. 그런데 문제가 하나 있다. 당신이 지금 이 순간 그 누구보다 두 가지 확신이 강하더라도 기업은 색안경을 끼고 물음표를 10개쯤 던지고 있을 것이다. 기업은 당신을 믿기 어렵다. 아니, 기업은 여자를 믿지 못하는 것인지도 모르겠다. 당신 탓은 아니다. 누구의 탓도 아니다. 다만, 그동안 우리 여자들이 기업에서 보여주었던 행동 하나하나가 모여 한 순간에 깨기 어려운 두터운 선입견과 현실의 장벽이 생겼다.

그렇다면 어떻게 해야 할까? 출산이나 육아로 인한 물리적인 경력 단절은 어쩔 수 없더라도 직업과 직장 동료에 대한 지속적인 관심과 의지 표명, 자기계발을 통해 경력을 내면적으로 이어가는 방법이 있다. 본래 깜빡이고 있으나 우리 눈에는 계속 빛나고 있는 것처럼 보이는 형광등처럼 말이다.

남자 연예인의 모습에서 이에 대한 힌트를 찾아보는 건 어떨까? 한때 군대는 남자 연예인의 무덤이라는 정설이 있었다. 군대를 다녀온 후 과거의 인기를 회복하지 못해 고전하거나 연예계 생활을 포기한 남자 연예인이 상당했기 때문이다. 하지만 최근 많은 군필 연예인들이 환영받으며 제2의 전성기를 누리고 있다. 대체 불가능한 자신만의 개성과 매력을 갖고 있는 이들은 언제 떠났느냐는 듯 다시 팬들 앞에 당당히 선다. 성실한 군생활로 주목을 받거나 군 기간 동안 자기계발을 하거나 인맥을 쌓는 등의 노력으로 제대 전보다 주가를 높이며 안방 브라운관으로 돌아오는 경우도 있다. 한 연예인은 "군대는 인생의 일시적 블랭크가 아닌 성찰과 자기계발의 시간이었다."고 말했다.

이처럼 군필 연예인을 통해 우리의 모습을 돌아볼 수 있다. 우리가 그들처럼 자신만의 대체 불가능한 경쟁력과 매력을 쌓는다면, 임신이

나 출산, 육아 등으로 인해 일을 쉬게 되더라도 기업이 여자의 공백을 좀 더 여유롭게 기다려주지 않을까. 아니 그 자리가 내 것이 되지 않는다 하더라도 적어도 나의 퇴사로 인해 또 다른 여자의 일자리를 무작정 막는 걸림돌이 되지 않기를 바란다.

'어차피 그만둘 거니까 설렁설렁 해야지'라는 마음은 나 개인뿐 아니라 우리 여자 모두에게 화살이 되어 날아온다. '다시 돌아올 것'이라는 자세로 더 열심히 일했을 때, 우리 모두의 기회가 열리는 것이다.

30대 중반 소진 씨는 두 아이를 낳고 5년 동안 일을 쉬었는데도 회사에서 먼저 손을 내밀었다고 한다. 오랫동안 일을 쉬었음에도 연봉도 오르고 승진도 했다. 그 비결은 다름 아닌 꾸준한 자기계발과 존재감이었다. 그녀는 회사를 그만둔 후에도 동료들과 지속적으로 연락을 했으며 경조사는 물론이고 가끔씩 회식에도 참여했다. 아이를 키우면서도 영어공부를 하고 신문을 읽는 등 세상과 거리를 두지 않고 지속적으로 노력했기에 러브콜을 받은 것이다.

우리 서로 새끼손가락 걸고 약속하자. 곧 일을 그만둘지라도, 다시 일터로 돌아올 미래의 당신을 위해, 일터에 남아 있을 또 다른 여자 동료를 위해, 사회에 첫 발을 내디딜 여자 후배들을 위해서 맡은 일에 두 배, 세 배 최선을 다하자. '여자들이 일할 때는 남자 못지않게, 아니 남자보다 더 책임감 있게 일을 잘하더라'라는 평가를 받을 수 있도록 말이다.

  많은 여성들이 자신의 커리어 기간 중 일정 시점에서 잠시 하차(off ramps)를 결정하지만, 그중 절대 다수가 다시 복귀(on ramps)를 희망한다고 한다. 경력 출구차로와 진입차로(off ramps and on ramps)를 보장받기 위해서는 나와 당신, 우리의 노력이 필요하다. 군필 남자 연예인들의 노력이 '군대＝남자 연예인의 무덤'이라는 등식을 깬 것처럼 말이다.

여자취업백서

초판 1쇄 발행 2013년 9월 13일
초판 2쇄 발행 2014년 12월 15일

지은이 신길자
펴낸이 김재현
펴낸곳 지식공간

출판등록 2009년 10월 14일 제300-2009-126호
주소 서울 은평구 역촌동 28-76 5층
전화 02-734-0981
팩스 02-333-0081
메일 editor@jsgonggan.co.kr
블로그 blog.naver.com/nagori2
페이스북 www.facebook.com/#!/jisikgg

편집 권병두
디자인 엔드디자인 02-338-3055

ISBN 978-89-97142-21-7 03320

이 도서의 국립중앙도서관 출판시도서목록(CIP)은 e-CIP홈페이지(http://www.nl.go.kr/ecip)와 국가
자료공동목록시스템(http://www.nl.go.kr/kolisnet)에서 이용하실 수 있습니다.
(CIP제어번호: CIP2013016665)

* 잘못된 책은 구입하신 곳에서 바꾸어드립니다.
* 책값은 뒤표지에 있습니다.